把坏脾气收起来

The Tantrum Survival Guide

〔美〕丽贝卡·赫什伯格◎著

刘成盼◎译

北京科学技术出版社

著作权合同登记号　图字：01-2020-1693

图书在版编目（CIP）数据

把坏脾气收起来 /（美）丽贝卡·赫什伯格著；刘成盼译 . — 北京：北京科学技术出版社，2021.6

书名原文：The Tantrum Survival Guide

ISBN 978-7-5714-1251-7

Ⅰ . ①把… Ⅱ . ①丽… ②刘… Ⅲ . ①儿童教育 – 家庭教育 Ⅳ . ① G782

中国版本图书馆 CIP 数据核字（2020）第 261002 号

策划编辑：陈　茜	电　　话：0086-10-66135495（总编室）
责任编辑：白　林	0086-10-66113227（发行部）
责任校对：贾　荣	网　　址：www.bkydw.cn
图文制作：史维肖	印　　刷：三河市国新印装有限公司
责任印制：吕　越	开　　本：710mm×1000mm　1/16
出 版 人：曾庆宇	字　　数：290 千字
出版发行：北京科学技术出版社	印　　张：18.25
社　　址：北京西直门南大街 16 号	版　　次：2021 年 6 月第 1 版
邮政编码：100035	印　　次：2021 年 6 月第 1 次印刷
ISBN 978-7-5714-1251-7	

定价：59.90 元

序

育儿是我们人生中最具挑战和最为重要的任务之一。孩子在幼年期，尤其是在以 2~5 岁为核心的学步期和学龄前阶段，经历着种种变化，这些变化会催生强烈的情绪和令人费解的行为。因此，家长不得不掌握从风平浪静到鸡飞狗跳时的种种应对策略，搞懂孩子行为背后的根源。既保证孩子的健康成长，又维系稳固且有益的亲子关系。

本书针对孩子发脾气提供了一种实用而有效的指南。首先，它可以为孩子的坏脾气提供通俗易懂、科学合理的解释；其次，它可以在孩子情绪崩溃和大声尖叫时为你提供简单明了、实用且行之有效的解决方法，并帮助你与孩子建立情感联结。本书以清晰明确、引人入胜、恰到好处的幽默语言写成，既能传授给你知识，又能为你提供心灵的慰藉。

这本书的作者不仅是良好人际关系的诠释者，同时也是一名敏锐、谦逊、幽默的观察者。丽贝卡·赫什伯格是一名临床心理学家，她在执业中所接触的关于抚养幼儿的真实挑战为她提供了富有启发性的故事，她抚养两个孩子的生活经历，也为她提供了为人父母在育儿之路上亲力亲为之后而获得的种种观察与体会。她以自己的经历证实了以下研究成果：加强亲子间情感联结的第一步，在于理解我们自己的童年经历，并明白它是如何塑造我们的。

本书前半部分主要阐述了基础概念和理论，后半部分与读者分享了种种实用策略和真实的故事。这本重要的指南为读者提供了各种方法，让读者能够在面对孩子的糟糕情绪时渡过难关，改善家庭氛围；同时，它还向读者展示了如何以谦卑幽默的态度和游刃有余的方式度过这些充满挑战的岁月。

享受你的育儿之旅吧！

丹尼尔·J. 西格尔（Daniel J. Siegel）
畅销书《全脑教养法》《由内而外的教养》作者
医学博士
加州大学洛杉矶分校医学中心教授

前　言

　　嗨！欢迎你从忙碌的生活中腾出几分钟翻开这本书！我不知道你是在什么状态下阅读它的，或许此时你重重地倒在了沙发上；或许此时你正站在厨房柜台前，手拿一杯咖啡或葡萄酒；或许你在一天的辛劳之后终于瘫倒在了床上（如果还有力气短暂睁开眼睛的话）。在刚过去的几个小时里，你很可能因为家里那位厉声尖叫、拼命跺脚的小家伙而茫然无措。此时，你心中一定掺杂着诸多情绪：沮丧、羞愧、无力、生气、后悔、内疚、愤怒、悲伤、绝望。坏脾气催生的负面情绪是严重的问题，你不必尝遍所有情绪，其中的一种或两种就足以对你造成致命打击，因此，这应该引起你的重视。

　　到底是什么促使你打开了这本书？也许是最近一次与孩子翻脸，伴随着哭泣、流汗、声嘶力竭的记忆；或者只是因为家里的情况一团糟，并不如你在开启养育之旅时所想象的那般和谐。也许你对孩子呵护备至，但偶尔在逃离了早晨的混乱，开车去上班的路上，你开始琢磨如果一直开下去会是一种什么感觉；或者晚上坐在通勤火车安静的车厢里时，你突然意识到这段归途居然已成为一周之中最珍贵的独处时光。更有可能的是，因为看到自己的孩子成长得很快，所以你想提前做好心理准备，"可怕的两岁""恐怖的三岁""凶猛的四岁"真的像人们说的那么恐怖吗？

我理解你，真的！我也是一个家长，我有两个儿子。写完这本书时，大儿子亨利马上就 4 岁了，而二儿子齐克即将步入 2 岁大关，他们年龄相差 21 个月。我永远不会忘记当我坐下来开始撰写本书的第一个早晨上演的那一幕，当时亨利刚过 2 岁半，他觉得自己肉桂葡萄干面包圈里的葡萄干太少了，所以我丈夫又给了他一些，让他撒在奶油芝士上。只见亨利把所有的葡萄干堆到面包圈上，舔得一干二净，然后说自己吃完了，要去小便了。说罢他迅速冲出厨房，爬上楼梯，找他的红色小汽车。他有一个习惯，在小便的时候，这个玩具必须时刻陪着他，但他却找不到了，因为此时红色小汽车其实在他的婴儿床里，与其他 16 辆玩具车堆在一起。在这个节骨眼，我不得不一个人跑上楼去帮他找那辆红色小汽车，这样亨利就能乖乖去厕所，而不会尿在睡衣里，于是我把当时才 11 个月大的齐克留在了高脚椅上。利用这个机会，齐克用他那可爱的、胖乎乎的手够到亨利的面包圈，把奶油芝士涂遍自己的耳朵和头发。

我终于找到了那辆红色小汽车，把它交给亨利时，我心平气和、面带微笑。（实际上，我把小汽车硬塞进他的掌心，并来了一句"给你，行了吧？给你！"然后把他一把抱起来，强行放到马桶上。）当我注意到齐克用奶油芝士给自己"做发型"时，我笑了起来，用鼻子蹭了蹭他的脖子，飞快地给他洗了个澡，用一条刚洗过的毛巾把他紧紧裹住，然后给他穿上衣服。（实际上，我用早晨擦过桌子的湿纸巾处理他的头发，觉得这样就"够干净了"，然后把他塞进他昨天穿过的运动裤和已经有点紧的小衬衫里，毕竟谁更换孩子抽屉中衣服的速度也不可能赶上孩子的成长速度啊。）

我是一名儿童心理学家，但这并不意味着我不会陷入由孩子带来的困境，以及相应的种种烦恼中。但与其他人不同的是，我的专业背景、我所受过的训练、我的知识和经验赋予了我深刻的洞察力和高效的策略，助我熬过甚至享受孩子的学步期或学龄前阶段。我很荣幸接触到许许多多的家长（我用"荣幸"这个词是因为家长们愿意在涉及他们全心全意为之付出的小家伙的问题时给我足够的信任，这确实是荣幸之至），能为他们提供一些通俗易懂、行之有效的策略，让他们更好地理解孩子和他们自己的坏脾气，这让我备感荣幸。

这本书适合你吗？

如果你是一位正在与孩子的坏脾气做斗争的家长，答案是肯定的。在本书的开头，我们需要明确一下"家长"和"孩子"的含义。

● 家长：在本书中，这个词可以用来指代任何照顾孩子的人，无论是亲生父母、养父母、祖父母、叔叔，还是保姆。这些抚养人中的任何个体或整个群体都可以称为"家长"。

● 孩子：坏脾气通常在孩子 18 个月左右的时候开始出现，一直持续到 4~5 岁。孩子的坏脾气在频率、持续时间和严重程度上会随着年龄的增长而逐渐减弱。不过，这并不意味着年龄稍长的孩子、青少年，或成年人不会发脾气。本书中讨论的情形在 2~4 岁的孩子身上最为常见，因此，本书中关注的"孩子"一般指这个年龄段的孩子。

人们一般认为，孩子的行为和情绪问题应尽早处理，小孩子的问题是小问题，大孩子的问题是大问题。但实际上，这些问题的本质以及问题背后的家庭动态在孩子成长过程中往往是不变的，这一点常被人们所忽视。例如，3 岁的孩子和 13 岁的孩子都渴望自主权，只是渴望程度不同，因此，家长们养育 3 岁孩子时所需的技能同样可以适用于应对青春期的孩子，并有效地帮助自己熬过这一特殊时期。无论你的孩子是 3 岁，还是 13 岁，本书所探讨的原则都是有效的。我希望你能意识到，从本书中所学到的，关于孩子情绪以及你自己的情绪相关知识将会对孩子的成长和未来的亲子关系有所帮助。

你可能想知道，孩子的性别是否对其坏脾气有影响。研究显示，坏脾气的某些触发因素与性别差异有关，如在生命起初的几年里，男孩往往在语言发展方面落后于女孩，他们会因为自己表达能力不足而沮丧，导致坏脾气。不过，坏脾气本身并没有在性别方面呈现出任何差异，所以本书中所介绍的内容对于男孩和女孩都适用。

应对孩子坏脾气时，家长需要掌握的基本知识

什么是坏脾气？

这个概念似乎是不言而喻的，但其实我们很有必要搞清楚，坏脾气包括什么样的行为，而这是理解坏脾气的第一个要点。本书的前两章诠释了这个基础概念，为坏脾气提供了清晰的定义，探讨了哪些坏脾气行为属于正常行为。我们的目标不仅是确切了解坏脾气的本质，同时还要探明这些行为表现反映了哪些更为深层次的问题，如幼儿的社会发展和情绪发展状况。

孩子为什么会发脾气？

许多孩子会在毫无征兆的情况下大发脾气或情绪崩溃，但你要知道的是，坏脾气绝非凭空产生的。因此，理解坏脾气的第二个要点是，认识到坏脾气产生的背景是人际交往情境，坏脾气发作时会有特定的导火索和家庭动态，反过来，这两者也会由坏脪气引发。例如，我们设想一下，2 岁的杰瑞德在超市里的饼干货架旁发起脾气，他被亮黄色和红色的包装迷住了，恳求妈妈给他买花生酱夹心饼干。你会建议那位母亲怎么回应，你有自己的答案吗？好了，现在我们在这个场景中加上以下因素：因为家里还有个小婴儿需要照顾，妈妈昨晚只睡了两个小时，而且前几天里，杰瑞德一直表现出模范大哥哥的样子，这些信息会改变你的建议吗？如果我再告诉你，杰瑞德的爸爸对花生过敏，曾经因为吃了贴错标签的外卖进了急诊室，而妈妈对此至今心有余悸呢？再或者，妈妈本身很讨厌

去超市，因为在她的青少年时代，作为四个女儿中的大姐，每次在周末和朋友聚会之前，她都必须负责全家的食物采购。还有可能是，这个家庭此时正经受入不敷出的煎熬，需要削减食物上的开支，现在又怎么办呢？

之所以谈及以上种种情境，是因为许多人以为，针对坏脾气，有一种放之四海而皆准的应对之策，就像贴上创可贴来保护擦伤的膝盖一样简单。然而在现实中，根本不存在"快速解决方案"。我们无法回避这样的事实：坏脾气的发生背景相当重要。你应当理解孩子所处的特定成长阶段，探明你和其他家庭成员所扮演的角色。第 3 章至第 5 章将为你开启这段探索之旅，它们能够指导你一点点摸清导致孩子情绪崩溃的种种因素。

孩子发脾气时我能做些什么？

既然没有应对坏脾气的"灵丹妙药"，那么你就没有办法应对临出门前儿子突然的情绪崩溃了吗？当然不是。我们来看第三个要点：爱和规矩。几十年来的发展心理学研究表明，能培养出健康、快乐、适应力强和成功的孩子的教育方式需要兼备两个维度：爱和规矩。孩子应能够感受到家长的爱，他们应能感受到来自家长的关注、倾听和理解，他们的家庭氛围温馨融洽。与此同时，这些孩子也应能意识到家庭中有严格的规矩和高度的可预见性，家庭成员角色分明，而且有清晰明确的界限。也就是说，孩子需要高强度的爱和规矩，两者相互依存，不过，其中一个因素的衰减并不意味着另外一个因素的增强。为什么这一点对于坏脾气至关重要？这是因为，家长给予孩子大量且均衡的爱和规矩是预防和应对孩子坏脾气的基本策略，只有在你深刻领会到了这两种因素的价值（读完第 6 章和第 7 章你便能获得这种领悟）之后，其他种种策略才能起到锦上添花的作用。

现在请给我一些防止冲动的策略！

最后，你需要些"真材实料"，需要最为重要的"具体行为对策豪华套装"。它们不仅涵盖爱和规矩，同时也能让你在孩子的坏脾气爆发之前、之中和之后都得心应手。现在的你可以接受孩子的坏脾气，能理解学步期和学龄前的孩子的控制欲，对自己有着透彻全面的洞悉，在孩子情绪崩溃时能回忆起自己父亲的暴脾气，能强烈感觉到你配偶那种放任纵容的育儿方式与你的育儿理念相冲突，对爱和规矩的重要性亦非常认可。但是，如果在孩子坏脾气爆发时你没有明确的策略可用，那么上述所有的认识也只是停留在理解层面。基于这个原因，本书的后半部分专门为你提供了大量应对孩子坏脾气的实用建议。不仅包括第 8 章和第 9 章中的"必做事项"和"禁做事项"，也包括在如下背景中的应对之策：第 10 章中所述的"一天中的难熬时刻"，第 11 章所述的"缓解棘手场合中的坏脾气"，以及第 12 章中所述的"缓解特殊情况下的坏脾气"。

还有别的内容吗？

你还会发现，本书中零零散散穿插着一些问答环节。这些问题都是我接触过的那些家长反复咨询的，因为咨询频率非常之高，所以我想如实且完整地记录他们的问题及我的回答。我感觉你们中的一些人也会有同样的问题，且需要这些问题的答案。我认为将这些问题及答案作为参考资源将大有裨益。

最后，本书中你将读到很多故事，我希望它们能够引起你的共鸣。在叙述这些故事时，我尽最大努力突出了文化的不同可能发挥的作用，借机说明虽然孩子的坏脾气不分种族、民族、国籍、语言和地域，但是，坏脾气的导火索以及回应坏脾气的方式可能在不同的家庭之间呈现出截然不同的特征。请注意，虽然这些故事都是基于我的真实经验，但是，本着保护隐私的目的，姓名和细节已做更改。当然，我也提及了自身的故事，故事中的我就是我，亨利就是亨利，齐克就是齐克，乔恩（我的丈夫）就是乔恩。

如何发挥本书的最大价值

不管你随手翻到本书的哪个部分，也不管你能读多少内容（因为，如今我们的时间和精力都有限），我都建议你，在阅读本书时要对自己敞开心扉——即使这会让你面对自己的脆弱——我在写作的时候也是怀着这种态度。布琳·布朗（Brene Brown）的诸多名言中，我最喜欢的一句是"脆弱是创新、创意和变革的诞生地"。我希望你能从本书中获得一些有价值的知识。你大可粗略浏览一番，然后直接跳到本书后半部分去搜寻可帮助自己熬过苦日子的具体策略。如果你能给自己腾出些时间和空间努力克服困难、挑战自己、深入分析你和小家伙的亲子互动过程，那么你就能发挥出本书的更大价值。如果你能多花些时间攻克本书的前半部分，真正了解学步期或学龄前孩子的发育特征，并且深刻洞悉书中所述的家庭动态、爱和规矩等内容，那么你就能更加得心应手地运用本书后半部分的策略。本书的前半部分内容为你掌握第 8 章至第 12 章中所述的策略提供了基础，也能够帮助你在学步期或学龄前的孩子爆发脾气时及时想出创意十足的应对之策。

不要有不切实际的幻想，坏脾气实属正常！

我必须在此声明：本书无法根治孩子的坏脾气。通过阅读本书你会意识到，发脾气在孩子成长过程中是正常的，也是健康的表现。在这个令人困惑、难以驾驭的世界中，学步期或学龄前的孩子通过发脾气摸索情绪表达的方式、维护自己的独立性、为自己的需求和欲望找到释放途径。这并不意味着作为家长的你只能微笑着承受。毕竟，如果亨利躺在地板上厉声尖叫，非要再多看一集《汪汪队立大功》，而这个时候你来到我家的地下室，一遍又一遍给我灌输"让孩子为自己的需求和欲望找到释放途径"这句话，那么我肯定无法接受。不过，本书不会让你一无所获，不会只停留在理论层面。本书既提供了针对坏脾气的实用又有效的认知框架，也提供了大量的、具体的预防和应对策略供你学习和实践。

因为坏脾气对发育中的孩子来说实属正常，而且不可能也不应该完全消除，所以我在整本书中有意避免使用"控制"这个词——请不要试图寻找"控制孩子坏脾气"的方法（我经常在那些诱导性文章标题中看到这句话）。作为家长的我们无法控制孩子的坏脾气，或者坦白地说，无法控制孩子的行为，正如我们无法控制其他人一样。我们的孩子也是人，虽然年小力薄，但毕竟是有思想、有情感，有自己的意志、愿望和观点的人，而我们应该欣赏他的本性。当然，当孩子打破家庭的平静时，我们可以采取某些方式缓解他坏脾气的发生频率和严重程度，这样做对每个人都有益处。但相对的，"控制"孩子的坏脾气不仅是不可能的，而且也不应该成为我们的目标。

家长可以通过阅读本书学会"应对"或"管理"孩子的坏脾气，虽然这些词语不甚完美，但它们是我反复推敲出来，最接近我的本意的词语。先不要纠结词义了，我的目的是揭示这个道理：尽管我们无法左右孩子在这个世界上的生存方式，但我们可以采取某些行动，去影响孩子的坏脾气以及他成长的大环境，如亲子关系、家庭环境等。

当你开始将后文中关于坏脾气预防和应对的策略付诸实践时，你会发现没有一种方法是万能的。某一种策略可能适用于某些孩子，或在某些时刻能起到作用。但你很有可能会发现，至少有一种策略在大部分时间里都适用于你的孩子，这一个策略胜过其他千千万万的策略，尤其是当应对"孩子非要再多看一集《汪汪队立大功》"之类的情形时，这种策略简直是屡试不爽。

充分发挥停顿的作用

应对、管理和预防坏脾气的第一步往往是深呼吸。在我看来，本书的关键目标之一，就是让你学会在孩子情绪即将崩溃或者已经崩溃时适时停顿，然后再做出回应。学会这个，能够让你对孩子的成长阶段有更加深刻的认识，能让你对触发消极情绪的因素更加警惕，或者能让你轻车熟路地运用你所掌握的种种策略。总之，在读过本书之后，我希望你再也不会在应对孩子坏脾气时出现情绪失控的状况，即使是在孩子拿起蜡笔准备在客厅墙上涂鸦之前，你只停顿了一两秒都可以。

记住，你才是对家庭最知根知底的人

本书是信息源，能为你提供参考，甚至为你提供心灵的慰藉，但它绝对不是"圣经"，也不是任何规范性的"终极策略"。为什么我要这样说呢？原因在于生活、人、家庭动态的错综复杂性，人际沟通也不会永远顺畅无阻。所以，发自肺腑地讲，我无法保证自己的每一个观点都行得通。本书中我力所能及的事情，是用真实的家庭案例、真实的家长、真实的坏脾气孩子的故事说明，使用我推荐的策略之后能够收到积极的效果。有时候，我甚至会引用我和自家孩子的相处经历，为了向你说明，即使是我，也会在回家之后发现家里的情况一团乱麻。

我在本书中所述的绝大多数内容都源自各个研究领域的智慧成果、理论和基于证据的实践。在我的职业实践和个人经历中，它们有机融合，共同打造出一种应对坏脾气的高明巧妙、有理有据、行之有效的方式。例如，本书使用了依恋理论，戴安娜·鲍姆林德关于育儿方式的研究成果，以及一系列既有的行为方法，如亲子心理治疗、家长管理培训、亲子互动治疗。我很乐意承认自己引用了上述理论，但绝不会吹嘘自己重塑了上述理论。

在你的家庭中、在你的孩子面前，你是一切的主导者。这个角色只属于你。只有你才对自己的家庭知根知底，包括家庭的文化取向、价值观和习俗。在将本书中的诸多解释和建议融入你特定的原则和行为标准的过程中，你扮演着独特的角色，因为你是对孩子最了解的那个人，当孩子触发你的特定心结时，你也是最有感触的人。这些因素让你回忆起自己的童年，并以某种特定的方式回应你那此时此刻正在释放着坏脾气的孩子。

　　我很期待成为你的向导，为你指明坏脾气的规律和共性，教你解读孩子的坏脾气，关注孩子成长的正常表现，以及一系列真实有效的策略。我也很期待你能将上述所有因素有机融合，打造属于自己的、应对你那学步期孩子坏脾气的策略。我知道这个任务听起来无比艰巨，但是我们会一步一步完成它。看吧，你已经读完了前言部分！考虑到你需要完成的其他种种任务，这可不算是一件小成就。我们继续前进吧！

目　录

饥饿、生活中发生变故、语言发育迟缓、无意中助长孩子坏脾气的养育方式等。当你搞清楚了坏脾气的起因和导火索时，就可以采取针对性的措施来解决问题。

第 3 章　处于发育中的大脑的局限性　　37

孩子的上下脑之间的联通效率不高，情绪无法时时受到理性思维的安抚，有的父母将孩子发脾气称为"跳闸"，就像孩子被自己的原始反应"劫持"了。学步期的孩子有易于冲动、固执己见、感性用事、控制欲强烈、以自我为中心这五个特征。当家长认识到孩子身上的五个特征是正常的，获得解脱感时，就会对孩子有更深入的了解，产生同理心并与孩子建立更深的联结，控制住自己发脾气的冲动，探索出对待孩子的新方式。

也许你自认为和孩子的关系不错，但如果孩子动不动就发脾气，或感到紧张压抑，那么你首先需要做的是修补亲子关系，哪怕这意味着你要从心底承认，你很久没有对孩子表现出爱意了。当孩子感觉和父母的情感联结断裂时，他会难以承受，会无休止地发脾气。这时，给孩子安全依恋十分重要：爱孩子本来的样子，即使他并不完美。让孩子感受到你理解他，接受他的本性、爱护他。

亲子关系

爱孩子本来的样子（即使他并不完美）：安全依恋

重新与孩子建立联结的三个方法

你才是最能给孩子安全感的人

在给孩子立规矩之前，要先给孩子足够的爱，只有在与孩子建立了真挚的情感联结的前提下，为孩子设定的规矩才能达到最佳效果。规矩就像是一个"容器"，当孩子的情绪满溢时，规矩让孩子感到"被接住了"，孩子能明白眼下发生的事情，能预测将会发生的事情，坏情绪也就能很好地得到缓解。

可预见性给孩子安全感

突发事件可以培养孩子坚韧的品格

与期望相关的规矩

孩子需要规矩的约束

第 8 章　预防和缓解坏脾气的实用策略　　155

对孩子的坏脾气进行干预的时机包括一天中的任意时刻、坏脾气爆发之前、坏脾气爆发时、坏脾气爆发过后。如果我们能把将坏脾气扼杀在萌芽期的技巧持续付诸实践，那么久而久之，孩子的坏脾气就会减少。

第 9 章　避免本能回应和使用无效策略　　193

家长经常使用的应对孩子坏脾气的方法中，有一些方法不仅起不到作用，还会激化孩子的坏脾气，让情况变糟。本章列出了典型的无效策略，当家长意识到这些策略无效时，在面对孩子的坏脾气时就不会陷入误区，能够摆脱错误的本能回应，更好地回应孩子的情绪，使情况得到缓解。

第 10 章 一天中的难熬时刻 **207**

孩子的坏脾气并非在一天中的所有时段都一模一样，有时一切风平浪静，有时让你度日如年。绝大多数家庭一天中的难熬时段都大同小异，基本集中在早晨、出门、吃饭、洗澡、就寝这几个时间段。本章汇总了一些小贴士，帮助家长渡过难关。注意，请将这些小贴士视为短期策略，安抚孩子坏脾气最有效的方法在于深入了解孩子的发育特征，将实用策略与爱和规矩相结合，并勤于反思自省。

早晨
出门
吃饭
洗澡时间
就寝时间

第 11 章 缓解棘手场合中的坏脾气 **227**

孩子的坏脾气在一天中各个时段呈现出不同的特征，同样地，在不同场合坏脾气的表现形式也不尽相同。以同样的表现方式开始的坏脾气可能会以不同的方式收场，这取决于孩子所处的场景。本章分析了某些特定场合如何影响坏脾气的发展轨迹，并告诉家长，对此能做些什么。

某些场合是如何导致孩子情绪崩溃的
某些场合是如何导致你情绪崩溃的
在到达棘手场合之前
在棘手场合中

离开棘手场合之后

有时，家中难免出现一些特殊情况，比如孩子生病、搬家、家里添了新生儿、父母离婚、家人生病等，这些特殊情况很容易增加孩子发脾气的频率和严重程度。在特殊情况面前，家长要清醒认识到自己对孩子所产生的影响，这至关重要。在特殊情况发生时，家长应该照顾好自己，让自己保持情绪稳定，同时理解孩子，"接住"他的情绪。

第 *1* 章
哪些情况需要警惕？

孩子从 18 个月左右的时候开始会发脾气，发脾气的程度因人而异，一般会持续到孩子四五岁的时候。随着时间的推移，孩子发脾气的频率、持续时间和严重程度会逐渐缓和下来。一般来说，孩子的发脾气行为都是正常的，但是一些孩子身上会出现五种需要警惕的危险行为或特征。当孩子身上出现这些危险行为或特征时，父母需要带孩子去看心理医生，进行进一步的评估。

"见到我家孩子，你才算见识了真正的坏脾气。"

说出来你可能不信！雅各布可不仅仅是使个小性子，他是完全失控了。他歇斯底里地大喊大叫，痛苦得就像被扯断了一条胳膊。说实话，我真纳闷居然没人因此报警！我知道你和许多父母都见过孩子的这种情形，但我向你保证，你绝对没有见过哪个孩子拥有像雅各布这样火暴的脾气。

好吧，我对"可怕的两岁"可以说是了如指掌，我的大女儿阿比盖尔也经历过"可怕的两岁"，而现在我想说，我真的很怀念她2岁的时候。因为，现在的阿比盖尔远比她2岁的时候更可怕了，这一点儿也不是在开玩笑。有时候，即使是一件微不足道、鸡毛蒜皮的小事无法让她顺心如意，她都会瞬间崩溃，仿佛世界末日降临了。

有一次，正当我们要离开游乐场的时候，奥利维亚突然使起性子来，变得不可理喻，当时简直就是一场噩梦。最后，我强行把她扛在肩膀上走出了游乐场的大门，周围所有人的眼光都聚集在了我身上，对我指指点点，似乎在嘲笑我，这人连自己的女儿都管不了。我很想知道，是不是每个小孩子都这样？为什么我总觉得只有我的孩子会这样呢？

上述所有的案例都节选自家长与我的对话或者往来邮件，除此之外还有上百条诸如此类的留言。每当家长们第一次与我碰面时，他们最迫不及待提出的问题就是："我家孩子的行为是正常的吗？是符合预期的吗？这是不是孩子成长发育的必经阶段？" 在家长眼中，孩子在某种程度上已经发展到了所谓的"小恶魔阶段"，但家长们仍满怀期待，希望得到这样的评价：这很正常，你的孩子绝非个例。这不仅仅是因为家长们想为自己的悲惨遭遇找到共鸣，还因为只有确认自家孩子令人难以忍受的行为实属正常、无须担忧时，家长才能得到莫大的安慰。尽管如此，因为这个两三岁的"小恶魔"极其擅长激起你的怒火，让你暴跳如雷，所以你会感觉他的同龄小伙伴根本无法与之匹敌。许多父母得知他们孩子的暴脾气实属正常时，虽然获得了些许的安慰，但他们仍不买账，他们还执意地认为自家孩子拥有无与伦比的极端野性，认为别人家的"小恶魔"没有自家"小恶魔"的行为恶劣。

如今，父母们的竞争点可谓是无奇不有。"你觉得你家的莱拉把牛奶撒在厨房地板上很讨厌？这跟我家孩子可没法比！奥利弗也做过类似的事，只不过他用的是尿！他很认真地拿起他的尿壶，然后把尿倒在地板上，一边倒还一边瞪着我。"这时，莱拉的妈妈不知道该投降还是该坦白：虽然倒尿比倒牛奶更恶劣，但有一次莱拉还把猫埋在了土里，所以最后仍然是莱拉"获胜"。

在深入讨论之前，我们先定义一下"正常"的标准吧。许多父母认为"正常"意味着"无须担心"：如果孩子的行为是正常的，那么这意味着父母无须担心，更没有必要采取行动。在得知孩子的某种行为实属正常时，父母通常会感到极大的安慰，因为他们可以确定，随着时间的流逝，即使是孩子最"正常的"坏脾气，都会受到你的回应方式的影响而改变。

孩子会"年长志移"，渐渐抛弃这种行为。大多数孩子的坏脾气都是沿着这种轨迹发展的，然而有些孩子的坏脾气不会轻易改观，不会随着年龄的增长而改善。不过，孩子那即使最寻常、最轻程度的坏脾气都会受到父母回应方式的影响。因此，我们判断孩子的坏脾气是否正常，并不是要父母减少对孩子的影响力，而是为了搞清楚父母应该在管教孩子的过程中进行哪些更为深入的干预。

幼儿从 18 个月左右的时候开始会发脾气，发脾气的程度因人而异，一般会持续到孩子四五岁的时候。随着时间的推移，孩子发脾气的频率、持续时间和严重程度会逐渐缓和下来。在这个过程中，这种脾气失控的状态将会在孩子 2~4 岁的时候达到顶峰，这也是最令家长痛苦的时期，而本书关注的焦点便是这个时期。将孩子在这个人生时期的发脾气行为解读为正常现象对于身心俱疲的父母来说也许是一种解脱，但这并不意味着父母可以认定自家孩子发脾气的行为实属正常而任其发展。我们可以从几种不同的角度来判断孩子的坏脾气是否正常。

五个警示信号

研究人员将健康的学龄前儿童的发脾气行为与那些被诊断患有某种临床疾病（如抑郁症和破坏性行为障碍）的儿童的发脾气行为进行了对比，鉴别出了五种需要警惕的危险行为或特征。当孩子出现了这些危险行为或特征时，父母需要带孩子去看心理医生，进行进一步的评估。

1. 对人或物的侵犯行为。孩子的有些侵犯行为是完全正常的，且是在预料之中，这恰恰说明孩子正在学习驾驭这个世界，明确自己在世界中的位置，这一点我们将在本书后文中进行更为详细的论述。在学习驾驭世界的过程中，孩子想搞清楚如何用身体语言表达自我，它是如何起作用的，以及在什么情况下能收到良效。这个阶段的孩子缺乏冲动控制和反应抑制的能力，这符合正常的成长轨迹，却让父母颇为头痛。事实上，在 18 个月到 5 岁的阶段中，孩子发脾气时很常见的表现便是打人。但是，如果你的孩子做出下述举动，甚至更加出格的行为，如当你在商店拒绝给他买棒棒糖时，他趁你不备给你一记左勾拳；超过半数时间都在不停地挑衅你或其他照料者；在怒不可遏时凶残地破坏物品等，这时你就需要警惕了。

2. 自我伤害。许多学步期和学龄前儿童可能都会在心烦意乱时用头撞墙、用手掐自己或者拍打自己的腿。这种情况的出现有很多原因，最主要的原因在于它可以使父母赶紧跑来照顾自己，且屡试不爽，随着孩子学会更多表达性语言、社会合作技巧，这种行为会逐渐消失。但是，如果孩子反复用蛮力撕咬自己、抓伤自己、用头撞墙或地板，那么就需要对他进行进一步的评估。

3. 频率高。有些日子里，你的孩子可能会持续不断地发脾气。但是，如果发脾气成了孩子的家常便饭，日复一日，一周甚至一个月中每一天里从未有过例外，那么你需要格外警惕了。我并不倾向于向你提供精准的数字，但是，研究发现，更有可能需要进行临床诊断的孩子大致有如下特征：

● 在一个月的家庭生活中，在不同日子里有 10~20 次发脾气的现象；

● 在校内、校外、家里、家外，连着几天每天至少发脾气 5 次以上。

4. 持续时间长。 我建议父母记录下孩子发脾气的持续时间。当孩子脾气爆发时，你在手机上设置一个计时器，然后在坏脾气结束时停止计时。我这么建议的原因是，当你处于煎熬中时，虽然孩子的坏脾气可能只持续了 5 分钟，你却可能感觉它长达 3 个小时。研究发现，孩子的坏脾气一般持续 30 秒 ~5 分钟。18 个月到 5 岁的孩子发脾气时常常伴随着打人行为，持续时间平均为 3 分钟，其中有 75% 的孩子发脾气持续时间在 90 秒 ~5 分钟。那些发脾气持续时间总是达到 25~30 分钟的孩子有可能被一些潜在的问题所困扰，需要引起家长的重视。

5. 无法自我安抚。 有些孩子需要进一步评估或干预，因为他们缺乏在脾气失控时恢复冷静的技能，除非有人帮他摆脱当时的场景或对他施以援手，否则他的脾气失控会一直持续下去。当然，我们也需要谨记，自我安抚是一项需要持续发展学习的技能。我们必须教授孩子这项技能，必须教会他如何深呼吸，如何数到数字 4，或者如何拥抱他钟爱的安抚物等。

以上描述的危险信号为父母是否应该担心孩子的坏脾气以及何时应引起警惕提供了参考。另外，不断有研究表明，发脾气的"质"和"量"同等重要。最近一项覆盖了不同年龄、性别及社会背景的研究通过调查 1490 名学龄前儿童发现，尽管绝大多数儿童（87.3%）都有脾气失控的时候，但只有约 10% 的儿童才会日复一日地频频发怒。此外，研究人员还发现，有些孩子发脾气是个不断变化的过程：最开始是温和、正常的行为，如在沮丧或悲伤时发脾气，最后却升级为令人担忧的举动，如破坏物品。研究还指出，孩子毫无征兆的暴脾气或针对父母之外的其他成年人大发雷霆，都是父母需要提高警惕的信号。

> 当我们知道了孩子行为的前因后果时，我们就更容易对该行为施加影响。

　　读到这里，你可能会回忆起，你的小家伙曾在一次发脾气时打碎了一个花瓶，他也不止一次在爷爷奶奶面前恼羞成怒，还有一次他甚至和保姆闹僵了，而那天晚上你恰恰忙得不可开交、无暇他顾。你确信，他上周每天都在发脾气，也正是出于这个原因，你才开始阅读这本书。而读到这里，你意识到，你的孩子可能有严重的问题！于是，你不再继续往下读了，你抓起了电话，打给你的配偶、妈妈或最好的朋友，细数这些证据……

　　不要这样做，停下来，深呼吸。

发脾气的情境和 ABC 三要素

　　上一节所述的五种危险行为或特征是警示信号，意味着你可能需要带孩子寻求专业的指导，但要记住，是"可能"，这些警示信号并不绝对，它们不是精准区分正常与否的绝对标准。在上文所述的对学龄前儿童的研究中，有三分之一的"健康组"孩子表现出了与那些被诊断有情绪或行为问题的同龄人相同的极端行为，这也说明了上述界限是模糊的，甚至有可能被打破。正因为如此，我才没有将上述五个警示信号设置成"是"或"否"的选择题。我无法明确地向你表述应该开始担忧的具体节点，因为现实生活中的孩子要比纸上枯燥文字描述的更加复杂多变。有些孩子可能会频频发脾气，但是每次持续时间都不长；或者持续时间很长，但并不频繁。例如，克拉拉在发脾气时会轻轻打妈妈，她每次心烦意乱的时候都会这么做；加布里埃尔很少会自残，但有时他也会拼命撕咬自己，直到皮肤破裂。当我评估孩子坏脾气的程度，判断应该采取什么样的干预时，我通常会询问父母，是否出现了上述五个警示信号。除此之外，我还会提出许多其他问题，它们既涉及发脾气的情境，也涉及发脾气的三要素，我将其称之为"ABC 三要素"：孩子发脾气的具体行为（behaviors）、先前事件（antecedents）和后果（consequences）。

ABC 三要素起源于应用行为分析，这是一种通常适用于那些被诊断有自闭症谱系障碍人群的行为干预疗法，其具体机制在于通过运用随因强化的方式使其增加积极的行为并减少消极的行为。简而言之，改变一个人行为的前提是全面考虑该行为的前因后果，而非只关注行为本身。

发脾气能得到妈妈的拥抱和不用做家务

在这方面，罗兰德是个典型的例子。每次当妈妈让他把玩具收起来的时候，2 岁半的他就会怒不可遏。在他使性谤气、大喊大叫和哭闹了10 分钟之后，妈妈会给他一个拥抱和一个吻，以此作为安慰，同时帮他收拾玩具。在这个案例中，发脾气的先前事件（或情境）是妈妈向罗兰德提出收拾玩具的要求，具体行为是罗兰德的大喊大叫和哭闹，结果是妈妈的拥抱和亲吻以及妈妈最终撤销收拾玩具的要求。

难怪罗兰德会勃然大怒。

在第 2 章中，我会论述如何发现坏脾气的导火索。我之所以在此提及坏脾气的 ABC 三要素,是因为它们为我使用五个警惕信号进行评估提供了必要的背景信息。起初,罗兰德的妈妈告诉我,罗兰德每天发脾气多达 10 次且每次持续时间均在 15 分钟以上。在她没有提及其他背景信息的情况下,我觉得这令人担忧。但后来我发现,罗兰德每次脾气失控都是因为妈妈对他提出了某个要求,且每次都以妈妈的拥抱和撤销命令而告终。得知这些信息后,我认为罗兰德的行为不难理解,或者说,他的行为实属正常。这并非处在萌芽期的异常行为,而是幼儿的正常反应:罗兰德学会了一个有用的招数,既能从妈妈那里得到关爱,又能从一件不喜欢的任务中脱身,简直是一石二鸟!我向罗兰德的妈妈指明了这个行为模式,然后我们两人一起尝试着改变 ABC 三要素中的"C",即妈妈对孩子坏脾气的应对措施,这最终也改变了罗兰德的坏脾气行为。

发脾气促使父母和解

我们用另外一个例子说明 ABC 三要素的关键作用。塞丽娜的妈妈通过电话向我表达了对女儿"无休无止的坏脾气"的担忧:每天去幼儿园之前吃早餐时,塞丽娜都会怒不可遏;她自醒来那一刻便开始使性谤气,一直闹腾到和爸爸一起离开家门;她动不动便哭闹、尖叫、掐自己的手,有时甚至会攻击父母。

随后我了解到,早上是每天塞丽娜和父母同处一室的唯一时光,爸爸工作非常忙碌,所以每天都很晚回家。在刚接触这对父母时,我觉察到他们之间的紧张关系:双方频频冷眼相对,有时甚至会冷语相向。然而,每当塞丽娜开始发脾气,尤其当她攻击自己的时候,父母便会暂时休战,跑过来一起进行干预。他们在表面上达成了和谐、站在了同一队,但这种默契竟是在我到达他们家一小时之后才出现的。塞丽娜的行为似乎是对父母争吵的回应，有意识或无意识地让父母重归于好。这再一次说明，理清孩子坏脾气的先前事件和后果至关重要。在这个案例中，虽然塞丽娜的自我攻击行为是警惕信号，但同样是可理解的——在这种家庭氛围下，这种行为甚至可以说非常正常。

> 警惕信号提供的是参考框架，而非解决方案。

对此，我的主要建议是：塞丽娜的父母应该修复他俩的关系，使得夫妻关系更加健康。他们按照我的建议做了之后，塞丽娜的行为大为改观，早晨的家庭时光也变得非常和谐。这个案例并不是要指责塞丽娜的坏脾气和自我攻击行为是父母造成的，而是要告诉我们，在判断是否应该为孩子的坏脾气行为拉响警报时，应该考虑其所发生的情境。

"正常"的概念错综复杂

我举了以上两个例子有两个原因。首先，我想强调的是，幼儿的坏脾气正常与否是一个复杂问题：正常和异常之间并没有清晰的界限；无论幼儿的行为多么严重或令人忧心，都有可能是对特殊场景的"正常"反应。其次，这些例子也说明了为什么我们无法通过构建一个万能公式来确定坏脾气的孩子是属于正常的大多数人群，还是属于可能患有某种疾病的少数人群。

那么，是否因为存在这种复杂性，上文所述的警惕信号就毫无用处了呢？不，绝对不是，我当然有合理的理由将它们放入本书的第 1 章中。这些危险信号的意义在于提供一个参考框架，你可以据此衡量孩子坏脾气的程度，并且准确判断是否应该向更为专业的人士求助。毕竟，正如医学生容易患"医学生疾病"（"医学生疾病"广泛存在于医学生群体中，他们误以为自己的身体出现了他们正在学习的某种疾病的症状。这种现象源自人对于感染某种疾病的恐惧）一样，父母也会因为相似的心理而苦不堪言。父母阅读了上文所述的五个警惕信号，然后就在短短几秒钟之内得出结论：孩子显然符合书中所描述的所有症状，于是立即惊慌失措起来。

坏脾气司空见惯

　　如果你迫不及待地贸然打电话求教一位儿童精神科专家，他也许从没见过你的孩子，并通过短信告诉你，你的孩子的确是一个反社会者。在你这样做之前一定要意识到，情况没有那么糟糕。一般来说，当父母向我咨询孩子的坏脾气是否正常时，绝大多数情况下都是正常的，正如我将在第 2 章所说的，发脾气是儿童早期成长过程中正常且重要的组成部分。因此，当一些父母忧心忡忡地来找我，认为孩子的坏脾气不正常，或在某种程度上有些病态时，我通常会向他们保证事实并非如此。当然，这并不意味着我向他们敷衍一句"不用担心"，就把他们打发走了。虽然坏脾气实属正常，但这并不意味着它不会给父母造成巨大的痛苦，不管坏脾气多么"正常"，了解其本质和作用机制，对于你的家庭和你的孩子都至关重要，这正是我撰写本书的原因。本书重点关注的是那些正常的、司空见惯的坏脾气，这对所有的父母来说都是噩梦般的经历。

　　正常情况下，孩子坏脾气的频率会随着年龄的增长而逐渐降低，在这个过程中，孩子的大脑会逐步发育，沟通技巧渐渐提高，对世界的认识更加深刻，而且也会渐渐找准自己在世界中的位置。尽管如此，我们也认识一些年龄稍大的孩子，甚至一些成年人都没有完全丢掉坏脾气，即使他们的表现与儿童时期不尽相同。当我们要求一个 12 岁的孩子不再玩平板电脑时，他不会再扑倒在地或者乱踢乱叫，但是他可能会把自己的沮丧、无助和失望之情用其他行为表达出来，如抗议、拒绝、生气，甚至更极端的行为，他的情绪与他小时候索要冰激凌而被拒绝时的情绪如出一辙。我们不禁要问：发脾气的本质是什么？它的起因是什么？

在你继续往下读时，请时刻谨记：作为家长，你在孩子两三岁时处理其发脾气行为的方式将深深影响他学习和掌握处理愤怒、沮丧、痛苦、失望、悲伤等其他情绪的方式。情绪不会自动消失——这一点需要再三强调。孩子之所以收住了坏脾气，不是因为他习惯了令人煎熬的坏情绪，而是因为他掌握了应对之道。孩子处理坏脾气的方式以及成效，都将取决于作为家长的你。

第2章
理解坏脾气的起因和导火索

孩子的坏脾气与周围的情境因素密不可分，这些因素包括突然变化的环境、孩子此前一直试图解决的问题、父母或看护人的回应以及身边人的情绪。坏脾气的常见起因包括疲惫或饥饿、生活中发生变故、语言发育迟缓、无意中助长孩子坏脾气的养育方式等。当你搞清楚了坏脾气的起因和导火索时，就可以采取针对性的措施来解决问题。

"没有搞错吧，因为这点小事就发脾气！"

作为一名儿童心理学家，我被问及最多的话题便是孩子的坏脾气。当媒体找我要稿子时，让我写的主题也常常是孩子的坏脾气。每当我和一群妈妈聚会时，总会有不止一位妈妈迫不及待地向大家倾诉孩子近期破纪录的坏脾气。虽然大家描述时用的都是"坏脾气"三个字，但各人心底所指的含义却不尽相同，应当如何定义坏脾气呢？ 1964 年，美国最高法院大法官波特·斯图尔特在试图定义色情作品时说过一句著名的话："眼见为实——当我看到时我就可以确定。"我们对于孩子的发脾气行为也有着同样的感觉。

有个小女孩躺在药店过道的地板上哭闹，她肯定是在发脾气；有个小男孩被妈妈硬拖着穿过火车站台，那小男孩肯定是在发脾气；你的亲戚来家里做客，而你那可爱的小家伙一边盯着你一边声嘶力竭地尖叫："不！"这肯定也是在发脾气。

上述三个例子是显而易见的。我们再看下面两个例子：一个小女孩看到冰激凌掉落在人行道上，短短几分钟内，她从失望、落泪变成让人手足无措的号啕大哭；一个小男孩因为害怕雷声，捂住耳朵、大喊大叫，而且对所有试图安慰他的人都拳脚相向。这也都算作情绪失控吗？对此，我认为大家的意见可能不尽相同，我们只有亲眼看到上述行为，才能进行准确判断。然而，我们一旦通过追根溯源找到了起因，可能又会否定最初的判断。坏脾气的重点究竟是行为，还是行为背后的情绪因素？如果情绪因素举足轻重，那么诸如饥饿或疲劳之类的生理感觉呢？因为身体疲惫引发的发怒是不是不能完全被定义为坏脾气呢？说实话，我并不是像思考"一棵树在森林中倒下"这类哲学问题一样在考虑这个问题，而是想探明这个人们反复讨论的话题的本质。这种思考还基于另外一个原因，即只有明确了问题本身，才能找出最佳解决方案，如果在说到孩子"发脾气"的时候不知道其具体含义，那么我们对此的反应很可能前后矛盾，没有收效。

我们所说的"坏脾气"究竟是何意

在职业生涯的早期，我便意识到当父母们绘声绘色地向我描述自家孩子频繁"发脾气"时，我不能自以为理解到位了，而是应该深入探究孩子具体的行为表现。我不会停留在家长的字面描述上，而会继续发问："请向我描述一下普里西拉发脾气时的具体表现。"或者"如果我在现场，我会看到什么场景？我会听到哪些声音？"如前一章所述，我的目的不仅仅在于了解孩子发脾气时的行为细节，我还需要了解前因后果，以及家庭的氛围和动态。此外，对于那些有能力和意愿的父母，我会鼓励他们推测孩子在发脾气时的感受。

我之所以这样做，是因为孩子的坏脾气与周围的情境因素密不可分，这些因素包括突然变化的环境、孩子此前一直试图解决的问题、父母或看护人的回应以及身边人的情绪。在与许多不同的家庭打交道之后，我发现综合考虑所有情境因素比仅仅只分析行为本身更为重要。有些书将坏脾气的起因分为两种：第一种是幼儿为了试探父母底线而故意发脾气，使得自己想要获取某件物品的需求得到满足，第二种是幼儿自身的沮丧感以及对情绪的失控感。对此，本书提供了相应的解决方案。对于试探父母底线的孩子，需要给他立规矩；而对于沮丧的孩子，则应及时给予安慰。孩子的"坏脾气"源于他不同的需求和动机，会在不同场景中出现，以不同的方式升级。

Q 我听过这样的说法：孩子发脾气有时候是为了试探大人的底线，有时候是因为他真的很沮丧。我很难分清我的孩子属于哪一种，他上一分钟还能够自控，显然是在试探他妈妈和我的底线，下一分钟却情绪崩溃，一把鼻涕一把泪地动起真格来。这能算作不正常吗？

A 不，这完全不能算作异常行为。你所描述的是幼儿发脾气的常见表现，这也是为什么我认为有些书把发脾气的起因分两类的方法虽然能起到一定的解释作用，但在现实生活中所起的作用却很有限的原因。例如，你的孩子在商店里使起性子，一边喊叫一边跺脚，想让你为他买一辆玩具车。一开始，这些行为完全在他的掌控之中，但当他意识到你不可能给他买玩具时，那么他可能被沮丧感压垮，变得痛苦不已。这时他倒地哭泣，虽然这种行为与喊叫和跺脚不尽相同，但它们都是同一次发脾气中的不同表现。第二天，如果遇到了相似情形，孩子的坏脾气可能又会呈现出不同的表现形式。他可能会很快情绪崩溃，也有可能会晚一些，或永远不会情绪崩溃，这取决于其他一些因素，比如孩子的疲惫程度或身体状况。从这个例子中，我们可以知道孩子坏脾气的起因以及其中掺杂的情绪状态和行为表现是复杂多变的。

坏脾气的定义

韦氏词典将"坏脾气（tantrum）"定义为"孩子气的愤怒不受控制的表达，孩子或其他行为像孩子的人愤怒情绪的爆发。"

我并不赞同这个定义，第一个原因是其遣词造句有种居高临下的感觉。毕竟，"孩子气的愤怒"与成年人的愤怒究竟有何区别？愤怒难道不是一种基本的情绪吗？难道不是谁都会有的一种情绪吗？将某人的愤怒描述为"孩子气"实际上是在贬损或忽视这个人的情绪反应，即便这个人的确是个孩子。如果我们仅仅将发脾气定义为"孩子气的愤怒"的表达，而不是一种单纯的愤怒，那么我们将很难站在孩子的角度理解世界，而这恰恰是理解孩子的行为从而帮助他改善其行为的关键。

我不赞同这个定义的第二个原因是，有时孩子的坏脾气是可以控制的。如果 3 岁的艾丽莎意识到躺在地板上尖叫十有八九能让她多吃一块饼干，那么随着时间的推移，她很有可能学会故意这样做。在这种情形下，她的坏脾气真的可以被描述为"不受控制"吗？

需要提醒父母们的是，把孩子的坏脾气定义为"可控的"并不意味着孩子是提前几个小时便开始谋划如何让父母遭罪、一边搓手一边奸笑的邪恶阴谋家。有些父母常常会用苦涩的语气说："你要相信我！

> 坏脾气并不仅仅是"孩子气"情绪的表达。

17

当我们谈论孩子的脾气时，通常需要考虑如下因素：

- 发脾气之前的状况和事件。
- 孩子此前一直试图解决的问题。
- 父母的反应。
- 孩子的情绪。
- 父母的情绪。
- 整体情境，包括家庭动态、当前环境和家庭氛围。

这孩子对自己的行为心知肚明。"或者"你就等着看她的表演吧，这个小家伙可是个操纵高手。"后来当我见到了这些孩子时，你知道我会用什么词来形容他们吗？机智！这些聪明的孩子学会了如何用最佳策略满足自己的需求，他们依赖这种策略，通常不会再去创造其他策略。这与那些提前就预谋好的孩子大相径庭，后者会提前将一切规划好，有目的、有计划、不惜一切代价多得到几块饼干。

有些坏脾气是孩子后天习得的（而非"不受控制的"）行为，但这并不意味着你的孩子是善于操纵人的阴谋家。

我不赞同这个定义的第三个原因是，坏脾气绝非总是表现为愤怒，也不仅仅表现为愤怒。很多时候，坏脾气涉及一系列的情绪。发脾气时，孩子会感到愤怒、沮丧、失望、悲伤、害怕或不知所措等情绪。这些情绪可能同时产生也可能相继出现，有的孩子甚至会体会到每一种情绪。针对儿童在发脾气时的声音特征的研究表明：孩

子脾气失控时愤怒和悲伤的情绪交织在一
起，孩子会大喊、尖叫、哭泣或呜咽。

　　那么，归根结底，到底什么是"发脾气"？

　　让我们回顾一下之前探讨过的因素，那
些在字典定义中没有提及的因素：

孩子在发脾气时能同时感受到多种情绪。我最喜欢的动画片《小老虎丹尼尔》中的一集《丹尼尔感受到两种情绪》讲到了这一点。

　　● 坏脾气绝非"孩子气"，它是在幼儿
中较为常见的、正常的、自然的反应；随着
孩子年龄的增长，坏脾气的频率会降低，孩子也会逐渐掌握更多调节与表
达情绪的技巧。

　　● 坏脾气并不一定总会导致失控，有时它是孩子非常机智的适应行为。

　　● 坏脾气并不仅仅表现为愤怒，许多其他情绪也掺杂其中。

　　基于此，我对其定义如下：

　　**坏脾气是一种因无法有效管理或表达某种强烈的情绪体验而产生的
行为反应。**

　　你可能会问："是什么样的行为反应？"我的答案是，那些在某种程
度上打破了普遍接受的社会准则的行为反应。值得注意的是，这种社会
准则通常是基于大人对孩子行为的心理期待，而非基于对孩子发展规律
的认知。我的确遇到过那种随意给孩子的行为贴上"坏脾气"标签的父母，
这在我看来有点夸大事实，有时甚至有些滑稽。比如他们给我展示了一
段"坏脾气"的视频，就在我认为马上能看到孩子发脾气的时候，视频却
戛然而止。有些父母来向我求助，抱怨孩子的坏脾气，而我发现孩子在

脾气失控时仅仅只会抽泣或安静地摔打玩具几分钟。有些父母还向我透露了自己的期许：希望 2 岁半的孩子能够表现出如同 17 岁孩子般的自控力。如果是这样，我强烈建议你阅读第 3 章和第 4 章，从而获得对学步期和学龄前儿童实际能力更为现实的认知，并意识到不切实际的期望会给父母带来什么样的麻烦。

为什么学步期或学龄前的孩子会使性谤气呢？

上个月，有一对满怀诚意且忧心忡忡的父母来找我咨询，想让我确认他们的女儿不是精神病患者。他们之前已经在其他三个场合问过我这个问题了，而这次又来问我是否能够确认。每次我都会向他们保证："你们的孩子绝不是精神病患者，她只是处于学步期而已。"我的话会让他们在接下来的几周宽心不少，直到孩子再次出现严重的精神崩溃，他们又提出了那个问题："医生，你确定吗？你真能百分百确定她不是精神病吗？"

这个问题听起来可能使人忍俊不禁，但这对父母却没把它当成一个玩笑。许多家长非常担心我不理解他们的孩子坏脾气的恶劣程度，因为他们觉得，只有精神病才是对孩子那无比恶劣的坏脾气唯一合理的解释。我懂父母们的这种心情。昨晚我听到亨利的尖叫声，这尖叫声让我猜测肯定是齐克把亨利的肩膀弄脱臼了。而实际上，两人只是在玩狗狗巡逻队游戏。你那学步期的孩子想要打开一盒奶酪，但是他那细若蚊蚋的请求却没能传到你的耳中，于是他用肥嘟嘟的拳头攻击你，你不由得开始担心眼前这个小家伙是个小小的精神病患者。

唯一合理的解释：他只是个孩子

当你发觉孩子的大脑有些不对劲的时候，你并没有想错。幼儿的大脑尚未发育完全，发脾气是合理、正常且健康的成长反应。如果成年人在发脾气时表现得像学步期的孩子，那么我极有可能将其定义为精神病患者。但是对于幼儿来说，发脾气只是

> 我们对学步期和学龄前儿童自我控制力的期望值通常都过高。

一种功能性行为，属于大脑发育在此阶段的正常表现。换言之，坏脾气的根源是学步期本身。"出生至三岁"机构和贝索斯家族基金会的一项最新研究证实了我在执业中的观察所得：5岁以下儿童的父母总是高估孩子的自控能力。研究指出了"期望差距"，即父母对孩子自控力的期待与幼小的孩子那发育期的大脑实际控制力之间的不匹配。研究发现，42%的父母认为孩子在2岁时就应该能够调节情绪了，比方说，孩子在面对挫折时要能控制住脾气。实际上，孩子要到3岁半至4岁的时候才开始逐渐发展出这种自控力，此外还需要几年时间才能完全掌握。

孩子发脾气的起因是什么？

每当我把上述研究成果与家长们分享时，我总能看到他们的脸上浮现出一抹轻松的表情，他们终于意识到自己的孩子没有问题，而是处于正常的成长发育时期，但这并不意味着工作已经完成了。如果真有那么简单的话，父母只需阅读一两篇关于幼儿大脑发育的文章，那么所有的恐惧和沮丧都会烟消云散。虽然坏脾气的主要起因是学步期儿童所处的

"孩子处于学步期"也许可以从广义上解答为什么孩子会发脾气这个问题，但对于孩子昨天下午的坏脾气，应该还有更具体和更重要的解释。

这个特殊发展阶段，但是其他因素的存在或缺失也会增加坏脾气的频率、持续时间和严重性。我们无法快速跳过孩子的这个成长阶段，但是为了提升孩子和家长的幸福感，我们应该试着轻松应对这段时期。

了解并认清孩子坏脾气的直接原因至关重要，原因有二：

1. 作为家长，深入了解自己的孩子大有裨益。为什么孩子偶尔的坏脾气能使你的家庭变成痛苦的炼狱，你也因此在短短 30 分钟之内苍老了 30 岁——对于这种情况，你要能够做出一定的解释。

2. 对某种特定的坏脾气行为了解得越透彻（包括探明其模式和发展趋势），我们便能更有效地阻止其发生或进行适当的干预。

关于"起因"一词的简短说明

如果你上过社会科学课，那么现在或许仍能回忆起老师反复强调的一句话："相关不等于具有因果关系。"换言之，两件相关的事情并不一定意味着它们互为因果关系。以心脏病和秃顶为例，很多心脏病患者都有秃顶的问题，这意味着心脏病与秃顶有高度相关性。尽管两者之间存在相关性，但秃顶并不是心脏病发作的原因。再举一个例子，你在头痛的时候吃一些布洛芬，头痛反而加重了。这是否意味着该药会导致头痛的加重，或者说它是头痛加重的导火索？因为我们对头痛有所了解，对布洛芬也略知一二，所以这些常识告诉我们事实并非如此。考虑到两件事情发生的先后顺序，先有吃药这个先前事件，然后出现了头痛现象，我们不难想象，对于这些事物缺乏常识的人会做出两者之间有因果关系的假设。实际上这是一种先前事件，先前事件仅仅是在时间上先于另一事件发生而已。

当我们谈及坏脾气时，"先前事件"这类词具有高度的精确性。我们永远无法确定地说某件事本身导致或引发了一次坏脾气的爆发，因为这一点无法得到证实。举例来说，我真能百分之百确定昨晚亨利玩狗狗巡逻队游戏时的脾气失控是因为他的疲劳吗？当然不能。我无法通过验血的方法证实这一点，也无法在他没那么疲惫的时候重现当晚的经历，来试验他是否会再次怒不可遏。因此，较为准确的描述是将疲惫视为坏脾气的先前事件，我们甚至可以用更为精准的表述，即预先存在的状态。作为一个具有科研经历的人，我始终深信在语言和意义上精益求精至关重要，稍有差池，任何马虎和误解都可能会产生灾难性的影响。然而，作为一个妈妈，我将亨利昨晚的坏脾气归因于疲惫似乎顺理成章、合情合理。

导火索、起因、先前事件：很多因素可能会同时出现

在同一时间，或许有多种因素以不同方式发挥着作用。例如，以赛亚的父母提出让他关掉电视的要求可能会即刻引发他的暴脾气。他大喊大叫最为直接的导火索是继续看电视的欲望无法得到满足。的确如此，但同时我们也意识到现在是傍晚 5 点整，以赛亚自从中午 11：30 吃饭之后到现在还颗粒未进。因此，饥饿可能也是坏脾气的一个导火索。我们继续考虑这个场景中的另一因素：以赛亚一家刚刚搬新家，而这是他们在新家的第一个晚上。机智的父母在还没收拾好新家之前就早早地把电

视摆好，将信号调好了，电视可是家庭娱乐的支柱啊！新环境及其引发的各种情绪有可能是坏脾气的导火索或背景因素。因此，如果我们想进行有效的干预，那么我们需要同时考虑以上三种导火索。如果我们不愿在次日再看到孩子大发雷霆，那么这一点至关重要。

行为心理学家在充分理解了引发某一特定事件（本例中具体指坏脾气）的多重起因基础之上提出了"行为链分析"[1]这一概念。它表明任何行为都是一系列相关因素的作用结果：首先是导致情绪脆弱不堪的场景，如以赛亚的饥饿感加剧了因父母提出关闭电视而产生的沮丧感；其次是那些产生重大及持久性影响的事件，例如搬到新家；最后是更为直接的导火索，例如关闭电视的要求。所有的这些因素交织发酵，使得挫败感不断累积，最终导致了孩子大发雷霆。虽然这种坏脾气表面上看起来毫无头绪，但实际上有根有据。如果你感兴趣，可以回顾自己孩子最近一次的发脾气行为，然后填写下一页的表格，在其中列出可能导致孩子脾气爆发的行为链中的相应环节。

重温这种噩梦般的经历有什么作用呢？它能帮助你洞察那些难以觉察的因素。同时，它也揭示了行为链分析中非常重要的一点：该链条中的每一个节点都蕴藏着有效干预坏脾气的绝佳机会。本书前 7 章主要讲述如何发现坏脾气的背景原因，如何在此基础上防止坏脾气的产生。第 8 章将告诉你许多缓解坏脾气的策略，及时察觉坏脾气并阻止其爆发，预测将刺激孩子大发脾气的环境因素，教你应对对孩子的身心发育不利的场景。

---

[1]行为链分析是辩证行为疗法中的重要方法。辩证行为疗法及行为链分析的发现者是玛莎·林恩罕（Marsha Linehan）。

虽然行为链中的很多节点都是孩子坏脾气爆发的起因，但有些因素频频出现，值得我们进行更为细致的探究。

导致孩子坏脾气爆发的行为链节点	
孩子在坏脾气爆发之前感觉如何？（疲惫、饥饿、生病、懊恼、悲伤……）	
孩子昨晚睡得怎么样？	
最近几天或几周里，孩子的周遭环境是否发生了重大变化？	
今天过得怎么样？（是顺利、有点小磕碰，还是诸事不顺？）	
今天我心情如何？压力大不大？	
今天我和孩子相处如何？	
在坏脾气爆发之前，我们和其他人有过互动吗？这个人是否导致了孩子坏脾气爆发？	
孩子坏脾气爆发之前我感觉如何？	
我对孩子的表现是否有不切实际的期望？	
在孩子坏脾气爆发之前发生了什么事？	

坏脾气的常见起因

尽管坏脾气的起因多种多样，但绝大多数都可以划入以下类型中。

疲惫或饥饿

睡眠和食物是每个学步期儿童、每个成人的生理需求。每个人都会因为劳累或饥饿变得一团糟。在与向我求助的新咨询者交谈过程中，睡眠总是我的首要评估因素。如果一个学步期儿童没有得到充足的睡眠，我的建议永远是先把睡眠调整好，然后再进一步考虑采取其他的干预措施。有时解决了孩子的睡眠问题，其他问题就不复存在了。如果孩子的坏脾气让你心烦不已，你可以仔细观察他的饮食或睡眠规律，有时在这些方面做出微小调整就能收到极佳的效果。

还有一点需要注意。最近我听一个父亲说，小孩有个非常有趣的现象：无法感知自己的饥饿，只能依靠大人替他解码这种感觉。他的这番言论出自他的一次经历：在他把食物放在 3 岁儿子克里斯多夫面前之前，儿子一再抗议说自己根本不饿。用父亲的话说，儿子"使了很多次小性子"。但是，当克里斯多夫看到奶酪串、金鱼形状饼干和切好的苹果块儿之后，风卷残云，不出三分钟便吃了个精光，然后整个下午都沉浸在愉快的情绪中。在此，我要提醒你，在阅读本书后文中提及的其他有关预防及干预坏脾气的策略时，请一定不要忘记食物和睡眠这两个因素。

这位父亲的话语让我陷入沉思：是不是只有学步期和学龄前儿童无法意识到自己的饥饿感，还是说这种现象同样也存在于成年人中？我自己的确有心情郁闷的时候，当我仔细回想时，往往发现自己颗粒未进或者只吃了少得可怜的早餐或午餐。很多时候，当饥饿或疲劳感影响了我们的情绪时，我们却很难将其视为始作俑者。从这个角度看，我们并不比孩子们高明多少。设想一下：你饥肠辘辘，睡眠不足，你多年来习得的应对策略和自我意识也消失了，你将会是一副什么样子？和孩子无异，对吧？所以我们多替孩子想一想吧。

生活中的变故

这个概念包含了很多种情况。从本质上说，它涵盖了一系列撼动孩子的小世界、让他遭遇各种情感冲击的"事件"。当学步期和学龄前儿童积攒了无数的情绪时，他往往会不知所措，表现出发泄或暴躁的行为。这些事件包括但不限于以下内容：

- 家里新添了弟弟或妹妹。
- 搬家。
- 环境转换（从幼儿园毕业等）。
- 父母分居或离婚。
- 创伤（车祸、医疗手术、目睹暴力、亲人死亡等）。

本书不会讨论遭遇创伤的各种情况，这一点已经有许多书籍专门进行论述了。在创伤这种情境下，孩子可能受困于困惑、崩溃、悲伤、愤怒、震惊、焦虑中的一种或多种情绪。如果孩子遭受创伤，我更建议去寻求专业人士的帮助和指导。

针对普通家庭生活场景，本书阐述的一般概念和策略是有效的。在此基础上我还提供了其他更具针对性的干预措施，可以用来帮助学步期和学龄前儿童克服所面临的具体难题，例如搬家或弟弟妹妹的出生。

语言发育迟缓

语言功能发育迟缓的儿童更容易发脾气，脾气往往也更大。不难想象，在一个崭新的世界面前，孩子有无数急切想要表达的内容却无法说出口，他该多么沮丧。同样地，当某人试图与孩子交流，孩子却无法理解对方的意图时，孩子也会感到沮丧、困惑和失落。在两种情况下，除了瞬间的沮丧感，孩子还会感到羞愧或孤独，好像有一道屏障把他与其他人隔离开来。因此，儿童的语言能力和行为问题之间存在高度相关性也就不足为奇了。如果你推测自己孩子的坏脾气可能与语言的表达（说话）或接收（理解）有关系，那么建议你与儿科医生探讨应对孩子语言发育迟缓的最佳策略。许多向我寻求帮助的家庭表示，对孩子采取语言治疗并取得一定的进步之后，孩子的坏脾气有了显著的改善。

无意中助长孩子坏脾气的养育方式

是的，你没看错。你现在可以合上书了，因为到头来，一切都是你的错。好吧，我承认这只是一个玩笑。有时我在办公室也会跟来访的父母们开这样的玩笑，我看到即使最谦和、最有幽默感的妈妈在抓住笑点之前也会有那么一瞬间陷入伤感之中。我们不假思索便接受了自己最糟糕的一面，误以为自己有可能在不知不觉间、眼睁睁地伤害了孩子，这种误解让人哑然失笑。请记住：说这些并非想指责谁，而是为了深化理解。有些父母的教育方式的确更容易触发孩子的坏脾气。我们在论及这个话题的时候，不应该让父母陷入无尽的羞耻感中，而应该肯定各位为养育"小恶魔"——不，我是说学步期儿童，当然还有学龄前儿童——而付出的努力。

我在职业实践中总结出了两种可能会触发孩子坏脾气的养育方式。

不够坚定的规矩

第一种情况是，父母无意间屈从了孩子的要求，或者给予了孩子只有通过发脾气才能得到的大量关注，从而强化或奖励了孩子的坏脾气行为。我们以艾拉和妈妈在商店的场景为例。妈妈带着艾拉穿过一个陈列着包装精美的糖果货架（你脑海中可以想象电影《大白鲨》中的伴奏），毫无疑问，艾拉会要求买一块糖果。当自己的要求被妈妈拒绝时，艾拉暴跳如雷、哭闹不止。妈妈手足无措，最终向艾拉妥协了，只听见妈妈恼火地低声说道："好吧。"然后把一根棒棒糖塞给了艾拉。艾拉立刻停止哭泣，剥开了觊觎已久的糖果。在这种情况下，艾拉的妈妈给艾拉上了一堂自己日后可能会后悔，但是对艾拉来说却非常宝贵的课，那就是：发脾气能够得偿所愿！我们来分析一下：

- 艾拉要求吃糖果，妈妈说不行，艾拉不哭不闹 = 没有糖果吃。
- 反之，艾拉要糖果，妈妈说不行，艾拉大发脾气 = 有糖果吃。

在某些情况下我们是否应该向孩子的坏脾气屈服？当然应该。但是如果长此以往，不分场合、无条件地向孩子屈从，那么孩子将会意识到，发脾气是满足欲望的绝佳方式。或者它至少偶尔会起作用，因此值得尝

> 如果学步期的孩子想要博取你的注意力，将每次由这种原因导致的坏脾气算作一次，那么孩子可能会发多少次脾气？（我并不是要你计算数学题，而是让你有意识地思考一下这个问题。）

试。此外，即使你狠下心来不屈从于孩子，你的关注对孩子仍是一种奖励。我们再次回到艾拉和妈妈在商店的例子，这一次，假设妈妈最终没有给艾拉买糖果。妈妈反复拒绝艾拉，告诉艾拉吃糖果的坏处，如吃糖对牙齿不好、艾拉昨天吃过糖了、糖果价格太贵等，请艾拉保持安静，然后将她抱起来，抱着她离开商店。在这种情况下，艾拉也学到了一招：虽然她的坏脾气没有给自己赢得想要的糖果，却换来了更宝贵的东西：妈妈的关注。所有父母都知道：对学步期儿童而言，父母的关怀比真金白银更为可贵。我们将这种场景总结一下：

- 艾拉要求吃糖果，妈妈说不行。艾拉不哭不闹 = 妈妈在商店里专注地购物，也许妈妈会时不时地查看手机，也许还会对艾拉的兄弟姐妹表示一下关注。
- 反之，艾拉要求吃糖果，妈妈说不行，艾拉勃然大怒 = 艾拉获得妈妈所有的关注。

在这种情况下，通过屈从于孩子的要求（例如买糖果、继续看电视等）或者仅仅是给予孩子足够的关注都会鼓励坏脾气，并最终触发更多的发脾气行为。要打破这种模式，父母要用行动和语言告诉孩子，不管是渴望得到某个物品还是渴求父母的关注，发脾气绝非满足个人欲望的绝招。本书第 8 章将针对这个话题提供一些具体的策略，助你解决这一难题。

忽略了学步期孩子的情绪需要得到认可这一点

如果父母再三忽视孩子的情绪体验，那么这种处理方式也会加重孩子的坏脾气。我们再次回到商店，再次见到了艾拉和她的妈妈。起初，艾拉直截了当地向妈妈乞求买糖果吃，在遭到妈妈的拒绝之后，艾拉开始怒不可遏。与上次不同，艾拉的妈妈这次既没有妥协，也没有因为艾拉撕心裂肺的喊叫而将所有的关注倾注在艾拉身上。在这个场景中，妈妈毫不在乎，或者说对女儿的感受置若罔闻，只是不屑一顾地说，吃不到糖果没什么大不了的，艾拉应该停止眼泪攻势。没想到这个策略换来的结果是艾拉哭得更加厉害、叫得更加尖锐了，因为妈妈压根没有明白自己的意图。艾拉用这种方式进行反驳：妈妈，这是一件天大的事情，我这些泪水都不是白流的！起初，艾拉可能只是因为得不到糖果而哭泣，但是现在她觉得妈妈没有倾听或理解自己，她更加难过了。她甚至可能会因为自己这种夸张的情绪而感到羞愧，因为妈妈已经明确表示这种情绪是没有必要的。值得一提的是，即使妈妈不用尖锐的语气，而是用温和的语气，或者露出一个非常同情的微笑，似乎在说："艾拉，亲爱的，放松。你的叫声就像是在遭罪！"情况也不一定能得到改观。

以我的经验来看，父母不认可孩子的情绪体验是导致孩子脾气爆发的一个最常见的因素。父母通常是出于好意，他们经常向我这样解释：他们希望孩子"更加坚强"或者"不要为鸡毛蒜皮的小事烦恼悲伤"。虽然父母的初衷是想让学步期或学龄前儿童变强大，但父母的言行却给孩子传递了这样一个信号：我不理解或不关心你的感受。这既印证了孩子的感受，又使孩子的哭喊或踢打行为变本加厉。这并不是说培养孩子坚韧的品格毫无意义——毕竟，我们对孩子的期望之一就是他能够战胜困难。而且我们也知道，比起成年后所面临的困难，孩子要在商店忍住

> 如果父母想要培养孩子坚韧的品格，就不应帮孩子躲开强烈的情绪体验，而应该帮助孩子学习管理自己的情绪，并且在孩子这么做时表达支持。

不买糖果这种挫折根本不值一提。然而，淡化或否定孩子强烈的情绪绝非解决问题和培养坚韧品格的良方。相反，培养孩子坚韧品格的正确做法是：向孩子展示如何处理自己的负面情绪，在孩子试图自己处理强烈的情绪时，向孩子传递支持、表达信任。

Q 难道我的孩子每次都需要被倾听吗？有时候他应该自己挺过去，我不想把他培养成温室里的花朵！

A 我每周都会听到这个问题的不同版本。父母们深知这个世界并非处处充满关怀和包容，他们希望孩子在迈入现实世界前做好充分准备并具备应对能力。他们想知道，同情或重视孩子的感受是否会使孩子变得"软弱不堪"，使得孩子在人生道路上受挫时不堪一击。我总是用以下几个关键点来进行回应。

首先，你需要明白，你认可的是孩子的情绪，而非行为。

孩子拥有表达情绪的权利。因为无论我们多么想控制他人的情绪表达，我们都无法做到。我们可以做的是在回应孩子的情绪时，给予他指导，告诉他哪些行为是可以接受的，哪些是不可接受的。在阅读本书过程中，你会认识到，认可孩子的情绪不需要以牺牲规则为代价。如果认可孩子的情绪的同时破坏了规矩，那结局注定是双输。

其次，为人父母的任务之一是合理调节孩子的情绪，这并不等于忽视孩子的情绪。举个例子，如果孩子因为薯条上粘着你用肉眼几乎看不清的东西而发脾气时，那么你可以这样回应他："你的薯条并不是你想要的那种样子，所以你看起来很不高兴呀。"通过这种方式，你用语言证实了孩子的感受，安抚了他那煎熬的情绪。然而，如果你这样说："一个炸土豆就让你这么脆弱不堪！亲爱的，你还好吗？这真是太煎熬了！"这既不能安抚孩子的情绪，也无法表达出你对他处理这种情况的信心。

这自然而然地引出了下一点，也是最为重要的一点。所有的研究都表明，培养坚韧的品格、让孩子变强大的关键是让他对自己的应对能力有信心。我们应该怎么做呢？我们不应该教他质疑或低估自己的情绪，而应该让他意识到虽然困难重重，但他有能力控制情绪。当孩子年幼的时候，他需要感受到父母的支持和肯定，只有当孩子认识到这一点时，他才能够充分发挥自己的潜力，面对人生的起伏跌宕。如果孩子不确定你真正支持他、真正了解他、真正重视他的情绪体验，那么他永远不会有足够的信心成为你心目中那坚韧的孩子。

将艾拉的感受用语言表述出来，并将她的感受与当前事件联系起来，把杂乱无章、混乱不堪的情绪用语言表达清楚，能有效解决当前的问题，并为培养孩子坚韧的品格奠定基础。妈妈可以这么说："我知道你现在很难过，你因为没法吃到糖果而沮丧和失望，是吗？你非常非常想吃到那块糖果。"如需了解更多关于如何充分认可孩子的情绪的例子，请参考第8章。你也可以参考第6章，我在"爱与规矩"的"爱"的部分讲到了割裂和修复的概念，它是处理坏脾气的根基。

作为父母，我们绝大多数时间都能在教育孩子方面拿捏有度，所以本书的大部分内容都集中在坏脾气的最后一种起因上，即父母忽略了学步期孩子的情绪需要得到认可这一点。或者说父母在与学步期或学龄前儿童交流或对其做出反应时，无意中增加了孩子坏脾气的频率或加剧了其严重程度。

Q 看来导致坏脾气的起因以及应对坏脾气的方式多种多样，而现在我们只读到第2章！那么我如何才能记住这么多内容呢？

A 这也是我和咨询者之间经常探讨的一个话题。书中许多内容都是新信息，对读者来说就像在学习一门新外语，而学习效果则取决于每个人的具体情况。学习是不可能一蹴而就的，如果你将自己沉浸在新语言中，勤加练习，即使在犯错时也不自暴自弃，那么随着时间的推移，你将逐渐掌握并精通这门新语言。届时，你会在不知不觉中说出来，并且表述得非常自然和流利。啃这本育儿经也是同样的感觉。不可否认，我们需要消化大量的信息。毋庸置疑，我们也都期待即时的满足；如果局势没有很快得到扭转，那么我们中有很多人将会产生挫败感。

我此时此刻非常沮丧，今天早晨我试图往车胎里打气，但我打不进去，轮胎气压报警灯一直亮着，似乎也在嘲笑我的无能。虽然我的终极梦想并非成为一名颇有天赋的汽车工程师，但我却把今天早晨的失败视作衡量我个人价值的一个标准。如果我因此而陷入无尽的羞愧中，那么我也能想象，你在养育学步期孩子的过程中时常会有的沮丧感受。不要对自己太过苛刻，真的。你会成功的，读到本章你已取得巨大的进步了。

当你审视坏脾气的起因（导火索、先前事件和情境）时，不要陷入烦琐的细节中。关于学步期和学龄前儿童发脾气的原因，我还可以再多写上几页，但是有一位叫詹森·古德的父亲却让我甘拜下风。他在 2012 年列了一个清单，名为"我家 3 岁孩子发脾气的 46 个原因"。第一次读到这个清单时，我忍不住捧腹大笑，直到今天重读时还是忍俊不禁。清单中比较经典的几个原因包括："他的嘴唇上有咸味儿""他六个月前得到的气球不见了""他哥哥看了他一眼""他哥哥没有看他"。我想提醒你的是，孩子的坏脾气其实很有趣，你也可以尝试写出自己的清单，记录下那些导致孩子脾气失控的事情。但无论是什么原因导致他的坏脾气，此时我想再次强调：他毕竟只是幼小的孩子。

随后两章将介绍幼儿和成人的大脑机制，这对于接下来的深入探索是个很好的开端。

第3章
处于发育中的大脑的局限性

孩子的上下脑之间的联通效率不高，情绪无法时时受到理性思维的安抚，有的父母将孩子发脾气称为"跳闸"，就像孩子被自己的原始反应"劫持"了。学步期的孩子有易于冲动、固执己见、感性用事、控制欲强烈、以自我为中心这五个特征。当家长认识到孩子身上的五个特征是正常的，获得解脱感时，就会对孩子有更深入的了解，产生同理心并与孩子建立更深的联结，控制住自己发脾气的冲动，探索出对待孩子的新方式。

"那个充满好奇的小脑袋是怎么想的？"

大卫："妈妈，我想要一个玩具。能给我买一个吗？"

妈妈："不可以，宝贝。我们是来给萨米买生日礼物的。"

大卫："但是我也想要一个！"

妈妈："宝贝，今天可不是你的生日，今天是萨米的生日。"

大卫：（沮丧地提高了嗓门）"求求你！"

妈妈："大卫，别闹了。我说了不行。"

大卫：（尖叫）"我想要个玩具！"

妈妈："大卫，你是想现在就回家吗？"

大卫：（开始大哭。）

妈妈："大卫，你为什么哭啊？家里你已经有好多玩具了！光明节那天你还收到了好多新礼物呢。振作点，别哭了，要像个小男子汉一样。"

大卫：（继续哭泣，低头看鞋子。）

　　这场对话发生在若干年前曼哈顿的一家玩具店中。当时我正好在给侄子买生日礼物，在排队等候时我无意中听到了他们的对话。我付了钱，买下了组装式忍者机器人宇宙飞船，然后离开了商店，所以我不知道这场对话是如何结束的。然而，我敢打赌，大卫会愈发沮丧，而妈妈也会愈发懊恼，最终可能会导致崩溃。

在诠释坏脾气以及探讨如何降低频率、如何缓和强度的方法和策略时，我们不能忽略发脾气的主体，即学步期和学龄前儿童。孩子所处的学步期阶段是坏脾气频频爆发的主要原因！换言之，年幼孩子的大脑才是爆发各种坏脾气的主因。如果我们对学步期和学龄前儿童没有深入的了解：对于他们力所能及和力所不能及毫无头绪，对于他们看待世界的方式一窍不通，对于他们如何理解自己在世界中的位置一无所知，那么我们就会感觉坏脾气不可理喻。我们就会像大卫的妈妈在玩具店中的做法一样，虽费了九牛二虎之力，但实际是在向孩子即将爆发的坏脾气火上浇油，结果弄巧成拙。

一般来说，12 个月至 36 个月的孩子被称为学步期儿童，但在本章中我将聚焦 2~3 岁的孩子，因为在所有前来讨教如何应对孩子坏脾气的家庭中，以这个年龄段孩子的父母居多。当然，坏脾气可能在孩子 12 个月大的时候就出现了，部分孩子甚至更早，但情况并不十分严重，直到孩子再长大一点会突然爆发。当然，我们也不能天真地认为孩子在 5 岁生日的时候坏脾气将会戛然而止、永不复发。虽然单纯从发展的角度来看，大部分孩子的坏脾气行为从 5 岁开始的确有下降的趋势，但也有一些孩子的坏脾气会持续到学前班甚至小学低年级，导致这种现象的原因多种多样。

那么学步期儿童的大脑作用机制究竟如何？许多书籍都深入细致地探讨过这个主题。然而，就我们的初衷而言，只需对以下几个方面有基本的了解即可：这个阶段的孩子掌握了哪些能力？有哪些能力（尤其是控制坏脾气的能力）尚未获得？在我们掌握了这些基本知识以后，当小家伙躺在地板上卖力地踢打喊叫时，我们就更能理解在他的小脑瓜里究竟发生了什么。

学步期儿童大脑：发育中的大脑

首先，我们在此稍作停顿，明确一下我们所讨论的"大脑发育"这个词语的确切含义。我们的大脑由数十亿个神经连接组成，这些神经连接穿过大脑的不同区域；它们形成神经通路，并构建不同的大脑结构。童年早期，大脑神经连接的形成速度非常惊人。在生命的最初几年中，每秒钟都会新生成 100 多万个新的神经连接，在此期间大脑容量也会大幅增加：新生儿的大脑体积只有成年人的 25%，3 岁时升至 80%，5 岁时升至 90%。随着生长发育，神经连接的数量开始减少，最终形成数量较少但效率更高的神经环路（亦称神经通路）。我们还可以将大脑发育看作是神经处理速度的函数，当神经环路的效率及速度在婴儿期及儿童期日趋增加时，神经处理速度也呈现出指数型增长。大脑的构建遵循自下而上的固定顺序，听觉和视觉等简单通路率先发展，随后是复杂的通路。

毫无疑问，抑制坏脾气的发生需要极其复杂的神经环路，而且需要社交、情绪和认知技能的有机结合。在探究孩子的坏脾气时，我们需要观察孩子认知周围世界的能力、情绪调节能力、交流和语言运用的能力、解决问题的能力，以及如判断和做决定等多种执行能力。这些能力存在于大脑的若干区域，包括前额叶皮层、边缘皮层、基底前脑、杏仁核、下丘脑和脑干，所有这些结构在孩子生命的最初几年都将经历快速发展期。

感觉型大脑和思考型大脑

当坏脾气主要表现为完全失控的情绪时，身体内与愤怒、恐惧或分离相关的悲伤反应机制就被激活了。婴儿自出生起大脑中负责这些反应的区域就完全发育成熟了，从进化的角度来说，这些反应都是生存所必需的。这些反应源自婴儿的下脑区域，由于大脑中负责理性思考和解决问题等技能的上脑区域尚未成熟，所以下脑区域的上述反应被频频激活。进入学步期以后，幼儿的上脑区域进一步发育，他将更善于驾驭原始的种种反应。然而，上下脑之间的联通效率依然不高，也就是说情绪并不能时时刻刻与理性思维"交谈"，不能时时受到理性思维的安抚。我的一些咨询者把孩子发脾气称之为"跳闸"，或者说孩子被自己的原始反应"劫持"了。

我们同时观察 2 岁儿童和 4 岁儿童，由于他们的大脑都处于各自年龄相应的发展阶段，我们能发现两个现象。首先，比起 2 岁儿童，4 岁儿童掌握了更多的情绪、认知和社交技能，他们不会再像 2 岁的孩子那样频繁发脾气。其次，由于 4 岁儿童的上脑区域和上下脑之间的神经环路仍处于发育阶段，所以他们仍然会发脾气，并表现出一定的规律性。

> 随着年龄的增长，幼儿逐渐掌握了许多情绪、认知和社交技能，这能够让他发脾气的频率逐渐降低。

控制坏脾气的能力逐渐增强

我们深入分析一下大卫的案例。虽然因为妈妈不给他买玩具而脾气失控，但是在他暴跳如雷之前还是展现出了一些关键技能。首先，大卫并非不假思索地伸手去拿他想要的玩具。你可能觉得这一点理所应当，但是如果大卫还处于婴儿期，他就无法自控！大卫目前所掌握的一些技能帮到了他。例如，他的工作记忆能力使他记得要遵守规矩，他知道不能仅仅因为自己想要，就把货架上的东西抓下来攥着，这是不被允许的行为。同时，他也掌握了抑制性控制能力——压制住自己抓东西的欲望，也克制住了潜在的冲动——对任何妨碍自己的人（在当时的情境下，妨碍他的人就是他的妈妈）拳打脚踢或其他形式的身体攻击。这是一项极其重要的执行性技能，它在童年早期开始发展，是婴儿所不具备的能力，所以婴儿看到任何诱人的东西都会伸手去抓。

我们可以看到，大卫能够控制住自己不去伸手抓玩具，我们还知道他已经具备了部分语言表达能力。他能够用简单明了的语言向妈妈要玩具，并表示他真的想要一个。他甚至还用了"求求你"这样的表达，这表明他懂礼貌，掌握了一定的对话规则。我们再看一下他的接受性语言技能：他很清楚妈妈的反馈，即千篇一律的"不行"，这或许就是他愈发愤怒的原因吧。

如果我们转换视角来体会大卫的内心感受，或者更确切地说，我们合理假设他的内心感受，就很容易看出他对自己的感受有一定程度的认识：他看到某件自己喜欢的东西，知道自己想要得到它。他似乎也感受到了妈妈的情绪，因为他的怒火不仅因为妈妈的语言，还因为妈妈的面部表情和恼火的态度而越烧越旺。此外，当妈妈鼓励他要像"小男子汉"一样时，大卫低下了头，这表明他在那一刻感到了羞耻。羞耻是一种复杂的感觉，因为它需要孩子具备自我意识和他人意识。相比之下，鼓励婴儿像"小男子汉"一样则是白费力气，因为婴儿的抽象思维——在这里，是将自己与他人进行对比的思维——尚未形成，更微妙的羞耻心也未形成。

所有这些能力：工作记忆、抑制性控制、语言表达和接收、自我意识、他人意识、复杂情绪体验都是相互关联的。在上述案例中，这些因素共同发挥作用，协助大卫在玩具店控制住了脾气。然而，大卫最终还是失控了，这是因为尽管他在某种程度上拥有了这些技能，却没能完全掌握。我们很容易看到大卫的不足。当你读到本章开头的对话时，你有没有从大卫的身上看到这一点：他那惊人的认知、语言和情绪能力使得他在最初的几分钟里成功地抑制住了坏脾气的爆发？我觉得你没有，你看到的是一个无法控制自己情绪和冲动，在几分钟之内因没有得到自己想要的东西而当场崩溃了的孩子。

你的视角其实并没有错。虽然大卫成功克服了部分冲动，但却没能抑制住另一部分冲动，如尖叫。同样地，虽然他对语言的理解和运用有一定程度的掌握，其掌握程度同样有限。大卫不明白自己想要一个玩具和当天并非他的生日这两者之间有什么关系，他也无法表达出自己内心的这种困惑。当学步期和学龄前儿童无法表达自我，或者我们无法理解他想要表达什么时，我们总觉得很沮丧，但是我们也应该想一想，孩子自己会更沮丧！想想看，你有没有听到过学步期儿童对你说："请等一下，我现在很困惑，你能给我详细解释一下吗？"我想没有。那这是否意味着学步期儿童不会感到困惑呢？当然不是。学步期儿童心里充满了各种各样的疑惑，妈妈口中的"今天不是你的生日，所以不能给你买玩具"只是所有困惑的冰山一角。最后，虽然大卫意识到他内心的部分感受——得到玩具的渴望，但他很有可能忽略了其他感受，如饥饿感、疲惫感、被妈妈疏远的感觉。自我意识是一种不断成长的能力，有时甚至连成年人也不一定完全掌握，我们已经对其做了部分论述，在后文中还会进一步阐明。

学步期儿童超负荷运转的小脑袋

学步期的孩子正在非常努力、持续不间断地控制自己的坏脾气，这一任务要耗费巨大的精力，而我们往往忽略了这点。当孩子感到饥饿或疲惫时，坏脾气的频率和严重程度也会相应地增加，在这样的时刻，孩子没有足够的能量保持体面。试想一下，在玩具店里，大卫的小脑袋是多么孤独地在超负荷运转。假设在去玩具店之前，大卫还陪着妈妈去了商店，在妈妈拒绝给他买棒棒糖后，他也没有大发雷霆。他要三番两次地控制住自己的脾气，他的小脑袋真的负荷太重了！

对孩子表现出的控制力予以赞赏

学步期和学龄前儿童持之以恒、无声无息地努力解读内部和外部世界，而我们作为父母的任务之一就是要看到他们的努力和取得的惊人成绩。然而，绝大多数父母并不擅长这一点，我们更善于注意到孩子在社交、情绪和认知能力方面的不足与缺陷，并常常因此感到沮丧。大卫的妈妈不假思索便拒绝了给大卫买玩具的要求，也没有理会他随之而来的情绪。她认为大卫的表现不仅为她带来了不便，还是对她的忽视与怠慢。下一章将重点阐述孩子发脾气之前和发脾气过程中，亲子互动时家长的角色，同时进一步探讨大卫妈妈可能的心理状态。总而言之，大卫的言行举止完全符合他那个年龄段孩子的正常表现，但是在那个时刻，他的妈妈忽视了这一点，我们也都忽视了这一点。

对学步期儿童的大脑结构和神经环路的发展程度了解得越透彻，我们就越能认识到，孩子的行为在很大程度上源自大脑发育的不成熟，而绝非蓄意报复或处于萌芽期的反社会人格。当我们对孩子可能做出的行为心里有数时，那么在见到孩子的下列行为时，就会不再为此生气，这些行为包括在公共场合尖声惊叫、用蜡笔在墙上乱涂乱画、不承认自己吃过饼干——即使我们亲眼见到他拿走饼干并咬了下去。在生活中的绝大多数日子里，父母要能对孩子的各种行为持理解态度；而在少数日子里，当孩子拿起蜡笔在涂了新漆的墙上一通乱画时，父母忘记了孩子那"愚蠢的"小脑瓜发育不成熟，暴跳如雷也是能够被理解的了。

学步期儿童的五个特征

本章剩余部分将重点阐述如何修补存在于父母和学步期、学龄前儿童之间常见的互不理解的鸿沟。我将详细阐述学步期儿童共有的五个特征：易于冲动、固执己见、感性用事、控制欲强烈、以自我为中心。这些特征会随着孩子发展阶段的不同而变化。之所以特别强调这五个特征，是因为根据我的经验，它们有助于从广义上解释大多数典型的发脾气行为，但同时也容易遭到父母的误解，在无意中使孩子的坏脾气行为变本加厉。当父母认识到孩子身上的这五个特征实属正常且在预期之中，知道它们在日常生活中的作用机制时，往往会如释重负。一旦父母获得了这种解脱感，就会对孩子有更深入的了解，产生同理心并与孩子建立更深的联结，及时抑制住自己发脾气的冲动，探索出对待孩子的新方式。

学步期和学龄前儿童易于冲动

抑制性控制能力是一项极其重要的执行性功能，包含自我控制和思维灵活性等一系列能力，人的执行性抑制能力直到 20 岁才发育完全。哈佛大学儿童发展中心将人类的大脑比作一个机场，其所有重要的能力就像是复杂的空中交通管制系统，处理不同飞机在若干跑道上的无数次起降。如果我们沿用这个类比，那么就意味着幼儿在毫无章法地操控飞机，飞机们迎头互撞、毫无预警地改变目的地，偶尔某架飞机可能会到达预定的目的地，但这并不是计划的结果，只能算是意外。幼儿的世界就是如此，2 岁的孩子不具备自我控制力和思维灵活性，4 岁的孩子也只具备一星半点，所以我们在他们身上只能看到相反的特征，即易于冲动和固执己见。

以 2 岁的汤米为例。去游乐场的路上，你一直嘱咐汤米，让他排队玩滑梯，因为之前他总是插队。汤米也许会诚恳地点头以示同意，也许会皱起眉头否认自己之前的行径。然而，当你们到达游乐场时，汤米还是像甩开烫手的山芋一样甩掉你的手，兴冲冲地以最快的速度直奔滑梯，冲到队伍最前面并快速爬上梯子。"有没有搞错啊！"你心想（也许你嚷了出来），然后你冲着汤米大喊："汤米，我们刚才不是说好了吗？你不能这样子插队，你明明说过自己明白的。"实际上，汤米当时确实明白这一点，但是他的理解力却远敌不过他的冲动，所以当滑梯映入眼帘时，他的冲动劲儿压倒了一切。你并不一定想到了这点，所以你趁着汤米从滑梯上滑下来时把他拽到一边，问道："你为什么要这么做？"汤米可能会茫然地盯着你，或耸耸肩，或干脆把目光移开。我并不认识汤米，我无法断定他会怎么做。然而我可以向你保证，他无法做出令你满意的回答，因为根本不存在令人满意的答案。

学步期的孩子常常受制于自身的冲动，通常不会对下一步行动做出周详计划，而是直接行动。成年人则不会任由冲动行事，所以我们常常对学步期儿童的举动困惑不已。"没搞错吧！你居然吃刚刚掉进番茄酱里的奥利奥饼干。"我们甚至会要求孩子解释一下自己的想法。孩子自然无法解释，我们会很抓狂，因为我们真的想理解孩子的思维。孩子也会很抓狂，因为他根本解释不了。有时候，当我在咨询者家里观察时，我会格外留意父母们在孩子情绪崩溃时使用以"为什么"开头的句子的频率：

"为什么你要哭？"
"为什么你现在这么做？"
"为什么你刚才要那样做？"
"为什么你不理我？"

我一直等待某个 4 岁的孩子给出这样的回答："爸爸，我很高兴你问了这么一个问题。我之所以这样做有以下几个原因：我很沮丧，我感到自己不被理解，我真希望你能满足我的需求，我想清晰表达自己的观点，但我现在只有 4 岁，因此无法自控。"但是我的期待却从未实现。

试想一下，有多少成年人能够在情绪波动时回答出这些问题来？当然，也许当情绪渐渐平静下来之后，我们才能以反思的态度进行谈话，但是在情绪失控的时候呢？不太可能吧。这是因为当情绪波动时，即使是成年人的执行功能也会被情绪所"劫持"，如路怒症。而学步期儿童即使不是在发脾气的时候也通常无法回答这些问题。上周，亨利突然毫无征兆地把一个涂满番茄酱的意大利饺子扔到厨房的另一边，在这一举动的刺激下，我瞬间忘光了所有关于学步期儿童大脑发育的知识，和亨利发生了以下对话。

我：亨利，你究竟为什么要那样做？

亨利：（茫然地盯着我，顽皮地咧嘴一笑。）

我：我没有开玩笑，为什么？

亨利：（耸耸肩。）

我：（这一次提高了嗓门，语调放缓，以示强调。）亨利，你到底为什么要从盘子里拿起一只意大利饺子，扔到厨房的那头去？

亨利：（愉快地微笑，就像原因很显然似的。）因为我想这样做。

我顿时醒悟过来，只能报以一声叹息。

因此，如果你期望孩子对自己的举动和感受做出解释，那么你终将一无所获。这个年龄的孩子通常无法给出令人满意的答案，这不仅因为他们的认知能力和语言能力还没发展好，还因为这些事情根本就没有合理的解释。与"三思而后行"这句格言相反，有时候孩子的大脑好像是以"先行而后思"的方式运行的。但是请注意，你是否读到本段第二句中的"通常"一词？请留意一下这个词。回想一下在玩具店里的大卫，其实他在脾气失控之前是能够控制自己的冲动的。鉴于学步期儿童的执行功能处于漫长的发展过程中，我们无法准确预测这些能力何时才能崭露头角。你的孩子在一天中其实有无数个时刻都在抑制着自己的冲动：虽然他想大打出手，但是他控制住了自己的手；他控制住了自己过马路的冲动，而是等着你去拉他的手。随着年龄增长，这些时刻的次数也逐渐增加。作为父母的你通常会忽视这些时刻。相比之下，如果孩子给你的大腿重重一拳或者冲进迎面而来的车流，那么你不可能轻易忽视。

我们再次回到游乐场的例子。汤米第一天刚插完队，第二天在吃早餐的时候又说自己还想去玩滑梯，因为这次他学会了排队。虽然你对此表示怀疑，但是当你们来到游乐场时，他真的走到滑梯旁，看着你并咧嘴一笑，然后排在了其他孩子的后面。他耐心地等着，轮到自己时便从滑梯上滑下，然后冲你跑来并给你一个大大的拥抱。他显然很为自己感到骄傲！你也很为自己感到骄傲！这个时刻意义非凡，这个时刻你的心情澎湃不已。你发出宽慰的感叹：那些在游乐场里尴尬的日子一去不复返了，那些把汤米从滑梯旁拽走的日子也将成为历史。但事实绝非如此，第三天，汤米又一次插队了。你再次抓狂，甚至开始怒火中烧。到底怎么了？

学步期儿童的大脑又赢了一局。如果一切顺利，孩子的执行能力会随着年龄的增长逐渐发育完备，但其发展轨迹并非线性的，因此很难预测。如果我们拉长时间维度，从广义的角度看，那么 4 岁的孩子往往比 2 岁的孩子更善于抑制冲动。但如果我们将某个 2 岁的孩子和某个 4 岁的孩子在一个特定的时间点进行比较，那么我们则很难发现他们在这方面的差异。本章所描述的所有特征也是如此。虽然绝大多数学步期儿童在

> 记住，虽然学步期儿童的成长路径总体是往前发展的，但其轨迹绝非线性，因此很难预测。

某种程度上都具备这些特征，但是他们发挥这些特质的程度和场合却各不相同，这取决于孩子的性格、基因和生长环境等一系列因素。了解 2~4 岁儿童的大脑发育状况有助于我们更深入地理解他们的坏脾气，但依然无法对孩子的反复行为做出解释。如果你有好几个孩子，那么你对这一点肯定深有感触。

学步期和学龄前儿童固执己见

现在我们说一说缺乏"空中交通管制系统"的后一种表现：固执己见。幼儿正处于理解周遭世界的学习期，面对这个巨大的世界，他感到不知所措、难以掌控。由于缺乏灵活变通的思考技能，幼儿试图使他眼中混乱的世界恢复秩序，其行为将表现得过于教条主义。用一些家长的话来讲，孩子的行为荒诞而可笑。频频重复某种行为、礼节和仪式是幼儿试图理解周遭环境的重要方式。虽然这完全是正常的，但会让父母抓狂不已。

最近一位家住某公寓楼 12 层的父亲告诉我，不知何时起，他的女儿塞丽娜突然决定每次坐电梯之前先数到 12 这个数字。这个行为带来了三个问题。其一，同许多早晨着急出门的家庭一样，塞丽娜和她父亲早晨出门的时间也很紧张。其二，和许多学步期的孩子一样，塞丽娜数数非常慢，不仅如此，她还要把每个数字拖着长调慢慢地说出来。其三，如果塞丽娜的爸爸企图在她数到 12 之前按下电梯的按钮，那么她就会立刻暴跳如雷，父亲只得向她妥协并允许她在电梯到达之前数到数字 12。如果此时电梯已经到达，那么这一次便不算数。和一些经常咨询我的父母一样，塞丽娜的父亲也认为自己的女儿患上了强迫症。

实则不然。在询问了几个重要的诊断性问题之后，我认为塞丽娜只是一个典型的痴迷于仪式感的孩子，这既让父母懊恼不已，也打乱了他们的行程安排，很多痴迷于仪式感的学步期儿童也都如此。这并不等于说某种特定的行为仅仅源于孩子对仪式本身的坚持，孩子心中那种掌控全局的欲望对于特定行为也有重要的触发作用。在电梯到达前数数的前几天里，塞丽娜的父母并没有阻止她，反而认为这很可爱，塞丽娜很快对这种仪式产生了依赖感，并将其作为早晨不可或缺的仪式。这对我们有什么启发呢？学步期的孩子会将相同性或可预见性作为其掌控世界的重要策略，我们千万不要低估了孩子的这种固执。作为父母，我们既要理解也要接受孩子的行为，等到时机成熟时再对其加以限制，就能更有效地应对孩子随之而来的坏脾气。

许多学步期儿童发脾气的根源在于某些事情不符合他所认为的"正常状态"。当然，鉴于学步期儿童的感情用事，"正常状态"这个概念每天都会发生变化。在过去的一个月里，我的咨询者们列出了孩子坏脾气爆发的各种原因，我把所有这些原因都归在这个标题下。

《我期待事物的状态如我所愿，而你要么没有读透我的心思，要么一不小心把事情搞砸》

- 妈妈没有把乔伊的叉子放在乔伊的盘子旁边，而是放进了盘子里。
- 小杰斯撞上了艾拉的玩具车队，把一辆车撞离了原来的位置。
- 米歇尔明明只想要一块冰块，爸爸却给她放了两块。

- 平时回家时都没有亮灯，而这一次却亮着灯。

- 为了不被堵在路上，妈妈选了一条与平时不同的路去幼儿园。

- 妈妈的衬衫出现了褶皱。

- 有人把夜灯插到别的插座上。

- 面条的形状和平时不同。

- 马尔科走到桌子旁，发现椅子上的儿童增高垫放反了。

明白了上述模式，你就可以列出自己的清单了。下次当你自言自语或向朋友抱怨，说孩子"居然为了一点鸡毛蒜皮的小事而恼羞成怒"时，请不要忘记学步期儿童的上述特征。这些事情对成年人而言确实不值一提。如果某个成年人因为桌上的叉子放错了位置而怒气冲冲或躺在地板上尖声惊叫，那么这的确会令人惶恐不安。然而对于学步期的孩子来说，这是天大的事情。他们的小脑袋已经拼尽全力去解读世界，而世界如此多变，有时是这个样子，有时又变成了另外一个样子，有时候又呈现出第三种样子，而每一种情形居然都是正常的。他们应对这万千变化的灵活思维的技能还处于发展的初期。

当然，你无法预料所有能够触发学步期儿童暴脾气的情形，也无法每次都成功阻止他们发脾气。我见过尝试这样做的父母，这不仅会使情况急剧恶化，同时也对孩子传递了有害的信息：你无法应对孩子的情绪。相反，你应该接受这样的事实：孩子在这个阶段具有超常的观察力，他会像敏锐的老鹰一样观察你，留意你所做的每一件事，通过摸索，孩子逐渐了解事物的运作规律和人们的处事方式。假设你在读孩子最喜欢的书时跳过了一页，那么他会注意到。如果你读错了一个字，那么孩子会问为什么和上次读的不一样了。如果你再次对孩子讲述他出生的情景时却忘记提到爸爸兴奋喜悦的心情，那么孩子肯定会问你为什么不讲完。他会急切地询问爸爸当时的感觉如何，你回答说爸爸很高兴，但是孩子却会闷闷不乐，转身从你身旁离开，因为你上次用的不是"高兴"这个词。

学步期和学龄前儿童受情绪的驱使，而非逻辑

鉴于学步期儿童大脑的发育状态，你的孩子十有八九会感情用事，而不会三思而后行，我们应该对这一点习以为常。在玩具店的时候，大卫认为自己对玩具的渴望就是足够充分的理由，他认为得到一个玩具是天经地义的事情，而世界上没有任何理由能够说服他。因此，妈妈给的两个理由：他已经有了许多玩具以及光明节那天收到好多新礼物注定说服不了他。"受情绪的驱使"意味着学步期儿童只活在当下。与成年人不一样，学步期儿童不会反思过去，更不会为未来做打算。如果大卫的"情绪脑"更善于表达，那么他可能会这么说："你为什么非要提起'家里的玩具'这种无关紧要的事？我们现在明明是在玩具店，而我想要一个玩具，就现在！"如果大卫的"情绪脑"越转越快，那么他可能会继续反驳："你这个傻瓜！我当然知道我在光明节收到了新礼物，那天真是太美妙了！所以我需要更多的玩具啊！你说你还有什么不明白的，妈妈？"

试图让一个情绪激动的孩子明白道理，就像是不断提高嗓门，强行跟一个早就告诉你，他不懂你的语言的人交流。

与学步期和学龄前儿童讲道理等于白费口舌的情况

我的咨询者们常常试图跟小孩讲道理，但当他们发现自己面对的是孩子茫然的眼神、蔑视的表情或坏脾气时，便会感到沮丧不已。在这些情形下，父母和孩子好像在用不同的语言对话，产生的误解也是双向的。学步期的孩子无法理解父母的理性解释，而父母往往也无法探知孩子内心那强烈的情绪。跟学步期的孩子讲道理就像在对方已经向你摊牌说自己根本不懂你的语言时，你却仍旧提高嗓门、一字一句地重复你的话。下面列举了我在职业实践中常遇到的一些实例。

刷牙。学步期的孩子是出了名的讨厌刷牙。为什么？因为他们就是不喜欢，客观地说，刷牙并不是一件趣味十足或令人愉快的事情。刷牙是必要的吗？是的。刷牙是一种享受吗？不是的。无论是迪士尼角色的牙刷还是西瓜味的牙膏，都无法改变许多孩子对刷牙的憎恶。而父母们只是一味地跟孩子强调口腔卫生的重要性。我甚至还遇到过一些家长，他们追着2岁的孩子满屋子跑，边追边喊着带有"口臭"和"牙龈炎"这种字眼的话，结果必然是父母和孩子不欢而散。

拖延。词典中拖延的同义词包括磨蹭、拖拉、不急不慌、缓慢、浪费时间以及无所事事。这里遗漏了哪个词汇呢？当然是"学步期儿童"。因为如果他们不是在飞快地到处乱跑，就是像蜗牛一样缓慢移动。为什么学步期儿童要拖延？你会问。其实你真正应该问的是，学步期儿童为什么要快起来呢？对于孩子那处于无休止探索期的小脑瓜来说，世界精彩纷呈，基本上没有什么理由能让他们慌慌张张或行色匆匆，当然，饼干、蛋糕或冰激凌除外。而"愚蠢的"成年人又是如何做的呢？他们只是一味地用理性逻辑跟孩子解释加速行动的重要性。成年人总喜欢跟孩子提起时间，并频频使用"迟到了""他们在等我们""开始时间是……"之类的词。这些词对学步期和学龄前儿童毫无意义，其重要性远比不上地毯上或沙发下面那些无人留意、亮晶晶的小东西。

触摸易碎的物品。有些父母向我抱怨自己的小女儿经常发脾气，因为父母不让她触碰客厅里那闪闪发光、精美无比的玻璃花瓶。虽然父母一再解释那些花瓶非常脆弱，但根本无法动摇小女孩的决心，她非常非常想要用最小的力气轻轻触摸这些花瓶，而且她会不停地围着花瓶转悠。

我并不是要你在跟孩子交流的过程中抛弃一切理性和逻辑，而是要选好内容、掐准时机，为孩子做出理性的解释，这可以起到很好的教育效果。带孩子去散步时，我们可以向孩子简洁明了地解释牵着大人的手过马路的重要性："车开得太快了，如果某辆车飞快地开过来，那么我需要随时拉着你躲避。"但是，如果他已经凭一己之力跳到了马路上，那么上面这一招就不一定奏效了。如果你这时抓住他的手腕，那么他会撕心裂肺地喊叫，就好像你折断了他的胳膊一样。

那对付这种时刻最有效的办法是什么呢？答案是你别无选择，只能学懂他的语言。对于学步期的孩子来说，他的语言就是他的情绪和需求。本书第 8 章至第 12 章也提供了一些其他思路。

那么孩子的以下行为又是出于什么原因呢？不顾一切独自跑到大街上，决不刷牙，去幼儿园之前一再拖延，一把抓起米莉姨妈送给你的古董水晶碗。我敢打赌，孩子做出这些行为是在维护自己的控制权。虽然平日里我并不热衷打赌，但是打赌幼儿对于控制权的渴求这一点我肯定能赢。

学步期和学龄前儿童渴望自主性和控制力

孩子在学习认识周遭世界的过程中，非常努力地想要获得独立感，渴望在世界中取得自主性，对自己的日常生活有更大程度的控制力。孩子不再满足于无条件服从成年人的要求，而是渴望对事情拥有更多的话语权，然而这些还远远不够，孩子真正渴望的是拥有最终裁决权：做自己的主人，掌控一切。但成年人依然扮演着掌控者的角色，我们依然每时每刻都在对孩子指手画脚：何时出发、何时睡觉、何时穿鞋、何时穿睡衣、何时上厕所、何时看电视以及何时午睡。我们除了告诉孩子应该做什么，还会明确哪些事情是禁忌：别碰那个东西、别去那个地方、不要用那种语气跟我说话、不要打你妹妹、别把它放在那里、别再喊了、别哭了等。有一天，我们滔滔不绝的指令在学步期儿童的眼里成了他获取自主权的障碍，难怪我们与孩子之间冲突不断！

家长们无数次地来到我办公室里，充满怀疑地摇着头说："说实话，有时候我真觉得孩子喜欢和我作对的感觉，就好像他能够以这种方式获得快乐！"我的回答是："没错，他的确能获得快乐。"有些家长会说出自己观察到的情景："我女儿似乎更热衷于反驳我，这超出了她对其他所有事情的热情。如果我说黑色，她就偏要说白色，但如果我改变主意说白色，她又会改口说黑色！"我的回复依然是："没错，的确是这样嘛！"还有的家长说："他好像很热衷于朝我说'不'，而且甚至不等我说完，还没明白我让他干什么就迫不及待地把这个字抛给了我！"我再次回答说："确实，孩子就是这样的！"

这些父母都发现了一些真相，在他们思考孩子的坏脾气时，这些发现至关重要。如果你要求他洗澡，那么他会拒绝洗澡。如果你随后向他投降，坚持不让他洗澡，那么他很有可能会直奔浴室，开始脱衣服。当然，这一切的前提是孩子对你的妥协信以为真。学步期儿童既聪明又专注，如果他察觉出你的话里有诈，那么他将不会让你得偿所愿。这种"反向心理"策略对于这些小个子控制狂能起到一定的作用，在你隐藏了你的真实想法（在本例中，你的真实想法是让孩子保持卫生）后会更有效，因为这给了孩子更多真正发挥其控制力的机会。

孩子发脾气做出极端行为一般都发生在企图夺回自主权的时候，家长们向我控诉：

"他以为自己是谁，全天下唯一被逼迫着做不情愿事情的人吗？"

"我一边看着她，一边在心里安慰自己'我还是知足吧'，我要求她做的还不是她真正讨厌的事情，我只是想让她把玩具收拾干净而已，没想到她却大哭大闹！如果让她做她讨厌的事情，还不知道她会闹到什么地步！"

"有时候，我只是要求他做好他应该做的事情，就这么简单，我可没有时间围着他团团转，他也不是宇宙的中心。"

注意了，某件表面上微不足道的事情引发的争执最能给我们启迪：多数情况下，学步期和学龄前儿童确实自以为是宇宙的中心，而其他一切都是围绕着他转的。我们用"自我中心"这一术语描述上述特征，该特征不容小觑，它也是我们在探索孩子那处于发展中的大脑时所要讲到的最后一个特征。

然而，在我们更深入地探讨"自我中心"这个概念之前，不妨先停下来回顾一下到目前为止我们所阐述的关于学步期和学龄前儿童的几个特征——易于冲动、固执己见、感性用事、追求自主性和控制力——是如何相互作用的。

我们以泰勒为例。泰勒快 3 岁了，非常痴迷于火箭。他最喜欢把各种火箭按大小顺序排列起来，玩太空游戏。他向妈妈明确解释了她在游戏中的角色：妈妈不可以帮泰勒从 10 倒数至 1，（尽管他自己对此也并不擅长）但是当泰勒指向妈妈的时候，她必须高声说出"发射"一词。（控制欲强烈、固执己见）如果这场游戏没有按照他的要求进行下去，那么他就会尖声惊叫、沮丧不已。（固执己见、感性用事）某天，当他和妈妈一起玩的时候，他 17 个月大的妹妹走过来，把其中一枚火箭从它本来的位置上拿走了。虽然妈妈给泰勒讲过不许打人的规矩，但泰勒还是拼尽全力惊声尖叫"不——"，同时一拳打在妹妹的胳膊上。（感性用事、易于冲动）接下来的几分钟之内，他的情绪几近崩溃，泪水止不住地从脸上滑落，只因为妹妹"搞砸了整个游戏"，她必须"立马"就把那枚火箭还原到原来的位置，以便他重新开始游戏。（固执己见、感性用事、控制欲强烈）

泰勒的妈妈向我描述这个故事时，特意在这个节点上停顿了一下，满腹狐疑地问我："我是想知道，在泰勒的想象中事情是什么样子，难道他真的以为妹妹会老老实实地任由他把火箭排成一排、毫不干涉吗？他忘了她还在现场吗？"如果你对学步期儿童的发育状况没有深入的了解，那么你会觉得这两个问题都是好问题。针对第一个问题，真实情况是，泰勒并不会揣测妹妹是否会做出某种举动，他压根没有考虑过这个问题。如果想要孩子未雨绸缪，根据情况调整自己的行为，那么孩子应该具备周密计划和高水平解决问题的能力，但是在这个发育阶段，以上两项能力泰勒均不具备。像其他学步期儿童一样，泰勒只是活在当下，无法做到三思而后行。针对第二个问题，即泰勒是否意识到妹妹此时此刻就在房间里，这很难给出确切的答案。学步期儿童以自我为中心，尤其是当他全身心投入到某项引人入胜的活动中时，根本无暇他顾。将火箭排成排关乎泰勒的快乐和渴望，他并不具备足够的心智能力注意到这一排整齐的火箭对妹妹来说是多么诱人。简而言之，泰勒以自我为中心。

学步期和学龄前儿童以自我为中心（有时甚至缺乏同理心）

"以自我为中心"是指孩子一心认为全世界都围着自己转，无法从别人的角度看世界。例如，当大卫跟随妈妈走进玩具店，看到货架上所有的玩具时，他可能认为这些玩具仅仅是为了满足自己的快乐而存在，还有什么别的理由能解释它们为什么在那里。因此，大卫和妈妈还没有发生对话时，两人对当前的任务已经产生了分歧。妈妈知道自己是要为萨米买一份生日礼物，而大卫则很确信妈妈肯定是为自己买礼物，因为眼前明明全是礼物。当大卫提出要买一个玩具时，妈妈用逛商店的真实目的拒绝他，而妈妈的理由对大卫来说根本不成立。我曾听过不同性格和不同年龄的孩子们问出相同的问题，例如："为什么今天不是我的生日？""能不能把今天当成我的生日？""我希望今天是我的生日！"从孩子的角度来看，自己的想法完全合理："你似乎是在告诉我这次购物与我没有什么关系，我不喜欢这样。但是既然你一再坚持，那么我们是不是可以做一些改变呢？"

难怪有时家长和孩子刚进入某种诱导性的情境中便立刻有了分歧。当然，诱导性的情境不一定全是玩具店或超市的糖果区，也可以是人行道，比如说你的孩子突然被人行道上水泥裂缝的形状吸引住了。"妈妈，它们很像蛇！"在你匆匆忙忙赶着上班的早晨，这会让你很焦躁。你试图向孩子解释你老板对于守时的苛刻要求，以此打断孩子对人行道的好奇。但你的解释可能无法起到很好的效果，而且可能会引发孩子的反抗或坏脾气。为什么？我们可以用以下几个关键点进行解释。

首先，正如前文所述，幼儿没有时间概念，"迟到"这个概念是无法被他单纯的小脑袋所理解的。其次，人行道上的裂缝存在的意义不就是要被人仔细探究吗？而你居然对它们毫不在意，真是不可理喻！你就不能再仔细观察观察吗？你那学步期的孩子非常确信如果你再多花一分钟仔细观察，那么你肯定会被裂缝与爬行动物惊人的相似性而震撼，因为他已经被深深震撼了，如果他为此震撼不已，那么你也一定有同感。最后，孩子大脑中的自我中心主义机制会将他的需求和欲望凌驾于一切之上。你可能需要按时上班，但是此时你的孩子正被好奇心所支配，在孩子眼中，仔细观察裂缝是他的当务之急，也应该是其他人的首要任务。

在这种情况下，父母常常会联想到"同理心"这个概念。当学步期和学龄前儿童的言行举止都意在向你证明，他在整个世界理所应当地占据中心位置，尤其应该是你的世界的中心时，你往往会感到愤愤不平。上次在你忙得不可开交时，孩子突然提出某个要求，你没有在3秒钟之内冲到他的身旁，他便立刻声泪俱下。在那一刻，你那学步期的孩子自认为受到了极不公平的待遇：他有需求，而你却没有把他的需求当作首要任务对待，他无法理解这一点。当他开始哭泣时，你很焦躁，很不耐烦地回应一句："你没看见我在忙着吗！我稍后就来。"下一章将探讨学步期儿童的坏脾气触发我们消极情绪的不同方式。在本例中，我们的消极情绪包括感到自己没有受到孩子应有的重视或感激，虽然重视或感激并不是孩子的义务。你那学步期的孩子当然看到了你在忙，但是他的小世界中只有自己，他无法理解你的忙碌为什么会妨碍他的需求。他并没有真正在观察你或者为你着想，他满脑子只在乎自己的体验和需求。那么孩子是一个没有同理心的、萌芽期的自恋人格者吗？这种可能性极小。他只是一个以自我为中心的小孩子，按照发育规律，这种自我主义合情合理。

同理心，即感受或想象他人情绪体验的能力，是在漫长的童年时期逐步发展起来的一项复杂的能力。事实上，人们通常认为有两种不同的同理心：情绪同理心和认知同理心，两种同理心有不同的发展轨迹。情绪同理心是指感受他人情绪的能力，是对他人情绪状态的间接式体验。研究表明，孩子早在婴儿期就具备了这种能力，到了 2 岁学步期的时候，这种能力开始崭露头角。我们可以从幼儿的行为中找到证据，例如当幼儿认为某人可能为沮丧所困的时候，会通过提供安慰、建议甚至尝试转移注意力等方式予以帮助。认知同理心指的是真正从其他角度考虑问题，或者想象他人情绪体验的能力。认知同理心的发展较晚，大约在孩子四五岁时开始萌芽。

情绪同理心和认知同理心形成的时间差能对上述事例做出解释。你那学步期的孩子确实看到了你在忙，甚至能够理解你的忙碌，或者在那一刻间接感受到了你的沮丧，但这并不意味着他明白其中的原因。他还没有能力设身处地为你着想，无法意识到自己十分急迫的需求在你的眼中其实并没有那么急迫，而这会让他感到很困惑很沮丧。我们再回到大卫在玩具店中的那个例子。他能够感受到妈妈在生气，而且火气越来越大，但是他却无法理解其中的原因，因为他目前还没有能力从妈妈的角度考虑问题。

正视幼儿的发育阶段特征

学步期的孩子和学龄前的孩子都易于冲动、固执己见、感性用事、追求自主性和控制力且以自我为中心。这些特征在婴儿期不甚明显，到了学龄后也会逐渐削弱。作为小孩子，这个发展轨迹完全合理。从你的视角看世界并不是孩子的任务，他的小脑袋目前尚不具备这种能力。我们的大脑相当完善成熟——这是多么珍贵的礼物啊！如果我们考虑到孩子身上的这些特征并且从他的视角看待这个世界，我们就会很快发现，孩子的坏脾气合情合理，我们也会意识到自己为了使孩子平静下来说的很多话其实极不合理。

我们需要适当的练习，或者需要退一步观察，才能够真正做到正视孩子的发育阶段特征，对他的坏脾气行为有深入的了解。我对泰勒的太空游戏被妹妹毁掉之后的行为进行了一番分析，你也可以把你那学步期的孩子上一次发脾气的故事写出来，仔细审视你所描述的每一个方面，并将那些符合发育阶段的正常特征标记出来：易于冲动、固执己见、感性用事、控制欲强烈以及以自我为中心。通过这种方式你能以不同的视角回顾这件事，有助于下次再遇到孩子的坏脾气时对他的行为重新定义。

小孩子有且只有一个任务：当一个小孩子。如果你的小家伙因为自己尿裤子而大发脾气，他也只是在做自己的本职工作。如果你希望他做出不一样的举动，比如让他表现出学龄儿童的样子，那么这只将会是你的一厢情愿。孩子的大脑使得他做出某些行为，你只能试着理解他的大脑。请注意，我并不是说你只能迁就你的孩子，我也并不倡导对孩子所有的想法和愿望都妥协的行为。我所提倡的是父母理解孩子在这个发育阶段的能力所及和能力所不及，愿意接受他的实际能力，并对此做出恰当的回应。

亲子关系绝非平衡的关系，这是养育孩子的一大特征。如果你对自己的行为或回应方式做出一些调整，那么很可能会改善你与孩子之间的互动关系，但是这些调整需要由你主导，而不是由孩子主导。我们引用一句广泛应用于各种情境的妙语：在人际交往中，我们应该成为恒温计而非温度计。我不了解这句话原作者的身份，也不清楚他说这句话时是否有考虑父母和幼儿，但这句话放在此处非常贴切。在某种程度上，你那学步期的孩子现在是、将来也是易于冲动、固执己见、感性用事、控制欲强烈且以自我为中心，这意味着在此后相当长的一段时间内他还会让你痛苦不已。当然，他也会很可爱、很搞笑、很有洞察力、很乖巧，但这些优点在发脾气时通常不会表现出来，而发脾气却常常成为我们主要的关注点。孩子会集这些特征于一身，只因为他处于这个年幼的阶段。现在，你具备了以上知识，就能够相应地调整自己的行动和反应了。

Q　我那 3 岁的孩子似乎真的相信别人的需求、思想和感受都与他一致。我多次向他解释说每个人的需求都是不一样的，例如他可能急不可耐地想去游乐场，但是奶奶和妈妈却需要休息一会儿，然而他都无法理解。这不仅使他备感沮丧，也使我们很懊恼。我们该怎么办？

A 我要做的第一件事就是把你的问题的第一句话修改一下，把"似乎"这个词去掉。为什么呢？因为你那 3 岁的孩子并不是"似乎"相信所有人的需求、思想和感受都与自己如出一辙，他是完全相信这一点，这完全符合他那 3 岁大脑的发育特征。所以，我对你的问题的第一反应可以用一句简洁的话语来总结：静待花开。

孩子直到 4~5 岁才会发展出所谓的"心智理论"，即有能力意识到他人的视角与自己的不尽相同，且他人的行为受制于其需求、思想和感受，而非受制于孩子，也并非受制于某种客观现实。你有没有和孩子通过电话？你问孩子刚才吃了什么东西，或者问他正在吃什么东西，而电话那头是一片死寂，对吧？当然，孩子有可能分心了，或者缺乏足够的词汇来组织语言。但很有可能孩子会备感疑惑："你不知道我晚饭吃什么吗？你从电话那头难道看不出来吗？全世界的人不都应该知道我在吃什么样的晚餐吗？"在我们成年人的眼中，这种思维简直不可理喻，但是在孩子形成心智理论的能力之前，正是以这种思维方式行事的。

目前已有许多研究对这种能力的发展方式和发展时间进行了探索，其中很多研究都采用了"错误信念"这种考察方式。假设你把一个小熊饼干的盒子拿给一个孩子。你打开盒子，他看到里面不是小熊形状的饼干，而是胡萝卜。然后你把盒子合上，向他提出问题："玛丽亚从来没有见过盒子里面的东西。玛丽亚会认为盒子里装的是什么，是饼干还是胡萝卜呢？"如果这个孩子已经形成了心智理论的能力，那么他就会意识到玛丽亚对盒子里的东西缺乏认知，因此会被盒子的表象所欺骗，认为里面装的是小熊饼干。如果孩子还没有发展出这种能力，那么他的答案将会是胡萝卜——他知道胡萝卜在盒子里，事实上，胡萝卜的确在盒子里，所以玛丽亚也会这样认为。

虽然心智理论在孩子身上有着特定的发展轨迹，但你还是可以帮助孩子提升这种能力。你可以给孩子谈谈别人的视角、观点，并且使用和别人的想法、感觉相一致的语言。例如："你的小弟弟总是笑个不停，他似乎真的很喜欢和你玩积木！"或者"故事中的小男孩儿在哭泣，你觉得他是什么感觉？你认为他下一步会怎么做呢？"用这种方式与孩子交流将有助于他在成长过程中更好地体会自己和他人的感受。

第4章
父母的期望、情感包袱和情绪

研究发现，孩子坏脾气的爆发通常与亲
子互动状态紧密相关，家长的态度对于
孩子的情绪有着重要影响。家长都是普
通的成年人，也会有情绪波动，有着自
己独特的经历、心理状态和情感生活，
所有这些因素都会影响他们对学步期儿
童所持的态度。为了更深入地理解孩子
的坏脾气行为，家长应该对自身有更深
入的了解，认真全面地剖析自己。

"为什么我处理不好？"

　　上一章中，我们重点阐述了坏脾气是学步期和学龄前儿童发育阶段的正常表现，且以不同的形式呈现。如果孩子的暴脾气只是偶尔爆发，那么这些知识对你绰绰有余。当你那小家伙怒不可遏时，你会将自己新学的关于孩子的大脑发展的酷炫知识信手拈来，说一些合理又完美的话语让他平静下来，然后你们两人会手拉手，满怀喜悦地走进夕阳的余晖中，沉醉在只有迪士尼电影中的角色才能享受的那种幸福无比的亲子关系中。

　　当然，这种理想的场景往往不会出现。虽然从表面上看，绝大多数情形下发脾气的主角是你的孩子，但研究发现，孩子坏脾气的爆发通常与亲子间的互动状态紧密相关。也就是说，孩子的行为会影响你的应对方式，你的应对方式反过来又会影响他的行为，他的行为再次影响你的应对方式，这种相互作用循环往复。基于上述原因，我在与家长们打交道的过程中，会使用"坏脾气互动"这样的词语，而非"坏脾气"这个常用词。如果我们将过多的精力放在孩子身上，那么我们就会忽视全局中重要的角色：父母。更准确地说，是父母对学步期和学龄前儿童所持的态度。父母毕竟也是人，这是毫无争议的事实，但是许多文章、博客、书籍给出的育儿建议却常常忽视了为养育孩子忙前忙后的父母们也是有血有肉的人。父母不是抽象的存在，不是超然的圣人，他们只是普通的成年人，也会有情绪波动。父母是活生生的人，有着自己独特的经历、心理状态和情感生活，所有这些因素都会影响他们对学步期儿童所持的态度。因此，为了更深入地了解孩子的坏脾气行为，父母还必须对自身有更为深入的了解，认真全面地剖析自己。

我举一个具体的例子吧。蕾妮联系我，说她很担心自己 3 岁的女儿奥利维亚，奥利维亚简直叛逆得失控了。每当妈妈吩咐奥利维亚做某件事时，奥利维亚总是反其道而行之。妈妈因此惩罚了奥利维亚，当奥利维亚发现妈妈不让她得偿所愿时，顿时火冒三丈、狂怒不止。我让蕾妮给我举几个具体的例子，蕾妮说出了几个司空见惯的情形，奥利维亚压根不听她的话，故意不去清理玩具、不好好穿衣服、不刷牙，甚至动不动就把"大便"一词挂在嘴边。越往下说，蕾妮的面部表情越严肃，语气中充满鄙夷。当我察觉蕾妮的情绪状态时，我问她，如果她对女儿所做的每件烦心事都抱着幽默的态度，那么会发生什么变化呢？蕾妮满脸疑惑地望着我。我接着说，如果不直截了当地命令或指正女儿，而是用幽默、游戏或竞赛的方式带来一丝轻松感，是不是能够避免母女间的权力较量呢？我看到蕾妮的面部表情从困惑变成厌恶，最后变成了绝望。"赫什伯格医生，"她低下头盯着自己叠放在膝盖上的双手，轻轻地说，"我真不觉得这有什么好玩的。"

随着我对蕾妮的了解越来越深入，我明白了她为什么无法以幽默的态度看待女儿的坏脾气。在蕾妮的童年时期，母亲为抑郁症所困扰，从来没有对孩子表现出特别的热情或关爱，也没有语言上的嘘寒问暖。在蕾妮的回忆中，母亲没有拥抱过她，睡觉之前也没有吻过她。母亲会通过一些实际行动表达对孩子的爱，比如参加蕾妮的音乐演奏会，开车带她去看望远方的朋友。蕾妮说："久而久之，我自己也越来越不习惯用语言来传递爱意，我认为爱一个人应该体现在行动上，而非语言上，爱也不应该用情感的表达和身体的爱抚来衡量。"因此，当女儿反抗她的时候，蕾妮觉得女儿是在抗拒她，是女儿不爱自己的信号。她想，如果女儿奥利维亚真的爱自己，那么她一定会听话的。

后来，蕾妮意识到，自己对女儿反抗行为的解读有些荒唐。她是一位聪明的女士，受过高等教育且获得了不少成就。在理性层面上，蕾妮完全理解女儿的叛逆是她所处的发育阶段的正常表现，并非针对妈妈。尽管如此，每当她和女儿围绕她所认为的那些"奥利维亚只要想做便能轻而易举完成的简单事情"上争执不休时，她还是感觉受到了很大的伤害。事实上，蕾妮的这种感受源自她内心的伤痛和愤怒，她根本没有精力用幽默的态度对待女儿。女儿叛逆，给妈妈带来了伤痛和愤怒，为母女之间的互动和亲子关系带来了巨大的压力，导致奥利维亚的行为愈发糟糕。蕾妮意识到，自己和女儿陷入了恶性循环，唯一的出路是蕾妮治愈自己内心的伤痛。唯有如此，她才能够从感性的层面理解女儿的行为虽然让自己抓狂不已，但却是孩子追求独立自主的表现，完全符合其发育阶段的特征，绝非是对妈妈的恶意冒犯。

我们带到养育当中的"心结"包括：个人经历、期望、偏见、恐惧、信仰——这些都是我们的"心结"。

起初，当我为蕾妮提供策略，即用幽默的态度对待女儿的坏脾气，并将这种策略融入日常生活中时，我碰了壁。蕾妮根本无法理解这个策略，更不用说熟练运用了，但后来我们解开了一直纠缠着她的"心结"。我这儿用了"解开"这个词，并不是指多年的心理治疗，我只是强调不要再将女儿的行为进行过度复杂的解读，意识到这一点有助于蕾妮主动尝试一些新的策略。

那么，作为父母，我们在缓解学步期儿童坏脾气的时候应该如何看待自己的角色呢？我们能做的主要是运用特定的策略和方法，这将在第 6 章至第 12 章中进行阐述。

为了发挥策略的最大效用，你需要全面剖析自己：你有哪些期望？童年时代为你留下了哪些让你迟迟放不下的心结？你的压力程度如何？你是不是一个情绪化的人，或在哪些特定时刻你会变得非常情绪化？

此外，我也在第 3 章中强调过：掌握一些关于幼儿大脑发育的基础知识也很重要。同时，通过上文中蕾妮和奥利维亚的例子我们可以看出，要想充分发挥策略的效用，我们必须先发现和解决自身存在的问题。根据我的经验，这些问题可以分为四类：期望、个人经历、当前的压力程度和情绪反应。不难看出，这都是非常宽泛的话题，将每个话题展开来讲可能都需要写不止一本书，当然有些话题已经出了书！即使父母们只是粗略地了解上述问题对于坏脾气互动造成的影响，也将能够更好地解读父母与孩子之间的特定关系，进而收到奇效。我已经发现了这个规律，你在阅读本章后半部分的时候也能意识到。

期望

有句话说得很好：期望是一种正在酝酿中的怨愤。我在与家长和孩子们的接触中多次验证了这句话。如果父母期望幼儿在某种特定场景或在多数情况下的言行举止非常得体，那么父母基本上是在为怨愤的情绪做铺垫，因为这种期望不会成为现实。小孩子就是小孩子，他们不会满足你的期望。如果父母对孩子产生了怨愤之情，还掺杂了父母自己内心的痛苦和鄙夷的态度，那么这只会使孩子的坏脾气变本加厉。无论父母是清晰明确地表达出了自己的不满，还是强行压在心中任由其积攒，孩子都能够感觉到。如果孩子感知到父母对自己的怨愤，并且意识到自己无法满足父母的期望，那么孩子肯定会发生情绪的崩溃。

在你忙碌不堪时，很容易陷入这样的期待：孩子应该对你当前的忙碌心知肚明，对你产生同情，应该把自己的需求暂时放一放。但是，由于孩子受制于发育阶段，他的自我中心主义在作祟，他无法感知到你的内心世界，这导致了你的怨愤之情。虽然你明白这种怨愤之情是非理性的，但你还是无法控制它，因为这是情绪问题，无论你多么希望理性行事，情绪也不会完全受制于理性。当你的孩子需要你的时候，你深知他没有丝毫过错，但是在那一刻，你对他的厉声斥责还是脱口而出。毫无疑问，这让他感到沮丧不已，这种沮丧感甚至超过了因为你没能立马解决他的需求而带给他的懊恼。还有可能是另一种情况：你和孩子的坏情绪在这一刻达到了顶峰，而恰恰在这个时候，你萌生出了愧疚之情，你们俩的紧张关系稍稍缓和下来。这所有的一切都要归因于一个你甚至都没有意识到的期望！

期望可以呈现出多种不同的形式。以下是我在职业实践中和父母打交道时遇到的一些常见问题。

- 我们希望孩子理解很多他根本理解不了的东西（例如家庭规则、社会规范等）。
- 我们希望老二能够像他哥哥或姐姐在这个年龄时一样乖巧。
- 我们希望孩子像我们的朋友、兄弟姐妹或其他亲戚家的孩子一样乖巧。
- 我们希望孩子能够考虑到我们的计划安排，而不是一味只顾及自己。
- 我们期望孩子能够像昨天一样乖巧。（即使我们都不能保证自己和昨天一样情绪稳定）
- 我们期望孩子的成长遵循简单的线性轨迹，而实际上其成长轨迹往往是曲折的。（我们可以回顾上一章中汤米在等待滑梯时所表现出的行为退步）
- 我们希望学步期和学龄前的孩子能够像我们小时候一样乖巧。
- 我们期望孩子在周末、假期和一些特殊场合能够顺从我们的心意。
- 我们期望孩子们能够日复一日、年复一年地按照我们设定的总体规划生活，即使他们对这个总体规划毫不知情。

可以看出，我们对很多事物都抱有一定的期待，如孩子的社会竞争力、我们的控制力、事件发展的可预测性、事件的结局等。这些期待的程度，往往取决于我们自己的情感包袱。例如，那些在混乱不堪的社会环境中成长的父母通常有一种发自内心的控制欲，他们对自己的孩子有近乎偏执的期望，希望孩子的成长轨迹呈可预见的线性轨迹，父母由此才能获得安全感。然而，我们从汤米在滑梯前的表现可以看出，孩子的成长轨迹绝非线性，所以父母的期待终将落空。那些从小家教很严，自己从不敢胡闹的父母可能会期望自己的孩子也具备相似的自律能力，即使他们也希望孩子拥有比自己的童年时期更有爱、更宽容的家庭环境。矛盾的是，在爱意满满和宽容的环境中，学步期和学龄前的孩子能够成为他们自己，充分展现自己的本性，这也意味着他们会冲动行事、喜怒无常。

这样的例子不胜枚举。一个对自己职业道路毫无规划、毫无安全感的父亲可能会有意无意地期望 4 岁的儿子比自己更有条理，避免儿子走上自己的老路子。当他对儿子提出不切实际的要求时，儿子当然会发脾气。一位母亲对自己眼睛周围新长出的皱纹感到不安，她可能会对女儿产生与此毫不相干的期望——成为全家最乖的孩子——以此拯救自己的不安。当女儿并未事事听从母亲，哪怕只是拒绝穿妈妈为自己精心挑选的裙子，借此证明自己那尚在萌芽期的自主性时，那么毫无疑问也会引发母女之间激烈的对抗，继而触发女儿的暴脾气。

在接下来的"个人经历"一节，我将更为深入地探讨父母期望最为常见的表现形式。本章的初衷并不在于揭示其在现实生活中的表现，因为在现实生活中，期望、个人经历以及诸多其他因素可能会交织出现。我们对孩子抱有各种各样的期望，这源于我们自身的背景和身份，这些期望注定不可避免，期望并不一定是坏事。但是在很多时候，我们的期望又会起反作用，它们可能会削弱我们教养孩子的能力，尤其是在孩子发脾气的时候。

　　那么我们该如何判断期望是否起到了反作用，以及何时起到反作用呢？答案很简单：如果我们的期望不切实际，那么它将会起到反作用。如果你没有对儿子在祖父母家的表现抱太高的期望，那么即使他表现得很糟糕，你也不会太过懊恼。如果你事先并没有一厢情愿地认为孩子肯定会喜欢海滩，那么当看到她讨厌海滩时，你也不会太过沮丧。如果你事先并未满心期待孩子会享用你给他用心烹饪的美味，更未奢望他能细细品味，那么当你看他只咬了一口就脱口而出"我吃完了"时，就不太可能对他大声斥责。如果你没有奢望孩子仅仅用两周的时间就适应他的新保姆，那么三周过去后，即使你发现他仍未接受保姆，你也会本着同理心对待他。如果你心平气和，不指责孩子且富有同理心，那么你的小家伙很可能不会发脾气，即使他发脾气，也能很快安抚好。

　　关于期望，我再做最后一点说明。第 7 章将告诉你，只有当你设定合情合理且适合孩子发展的期望时，才能真正帮助孩子健康成长。那种不仅不会给孩子以及我们自身带来什么帮助，反而会阻碍孩子成长的期望，只会让孩子的顽劣暴露无遗。我们的期望过于不切实际，导致我们对孩子的反应过于严厉，进一步加重了他的坏脾气。当我们的期望潜藏于内心难以被发现时，情况可能会更糟糕。你通常会在事后意识到你的期望不合理。如果父母一开始就知道这样的期望不切实际，那么就会放弃这种期望。

　　不幸的是，对这种潜伏于内心，不切实际的期望，真没有什么神奇的解决方案，好在我们在日常生活中会逐渐意识到这种期望的反作用。作为父母，我们需要不断审视它们，不断认清自己的期望。只有这样，我们才能在心中的怨愤越积越深时及时清醒过来。

个人经历

父母自身的经历会以不同的形式影响坏脾气互动，这一点我们在前文中略有提及。根据我的经验，关于父母的自身经历有三个方面值得我们深究。这三个方面是：我们童年阶段与父母的关系、童年时期父母管教我们的方式、我们童年时的经济条件。

我们童年阶段与父母的关系

大量研究表明，从我们年幼的时候，尤其是出生后最初几年与父母的相处方式中，能够预测出我们与孩子的相处方式。

蕾妮和奥利维亚的例子证明了这一点。在蕾妮的童年时代，蕾妮的妈妈对蕾妮用行动而非语言来表达关爱，这导致蕾妮这么多年来都期待甚至渴望从别人身上得到相同形式的关爱。她可能有意无意地寻求能够以这种方式表达关爱的人陪伴自己，比如自己的丈夫。然而，当她有了女儿奥利维亚之后，这种模式便被打破了，尤其当女儿挑战她的底线、渴望自主时，蕾妮就将这两种举动都视作对自己的冒犯。虽然女儿的坏脾气实属正常，是成长阶段的正常表现，但蕾妮却将其解读为女儿根本不爱她。于是，蕾妮对女儿的坏脾气做出了消极的应对，母女关系陷入了焦虑和情绪化的恶性循环，进一步加重了女儿的暴脾气。

有一位父亲找我做了几次咨询之后，分享了一个类似的例子。我们这几次分析的问题是他儿子频繁发作的暴脾气。每次儿子使性谤气时，作为父亲，他都感到极端的焦虑，这使他无法做出积极的回应。"赫什伯格医生，"他慢慢地对我说，"我那2岁的孩子在我眼中简直就像一个酒鬼，他和酒鬼一样喜怒无常、动不动就发火……"他的声音越来越弱。他自己的父亲是一个嗜酒如命的酒鬼，当他做出这种联想时，我甚至可以想象他脑中有一盏灯泡忽然点亮，就像漫画书中的图景。

当儿子歇斯底里、大喊大叫时，这位父亲无法表现出成人应有的成熟、稳重和冷静，因为他的内心就像回到了童年时期担惊受怕的灰暗时刻一样。和其他敏感的孩子一样，儿子能感觉到父亲的不安，于是儿子

文化的影响

众所周知，不同的文化对坏脾气有着不同的看法。事实上，在某些文化中没有坏脾气这个概念。你身处的文化或成长环境可能对你抚养孩子的态度和你对孩子的行为期待有很大的影响。"文化"这个词可谓包罗万象，涵盖种族、民族、国籍、性取向、宗教、语言、移民身份、地理区域等各个方面。基于此，我们很难完全客观公正地把握这个因素。

你会在本章和本书的其他内容中看见文化因素的一些影响，我也鼓励你就自己成长的环境是如何看待坏脾气进行思考分析。你的家庭和你所处的文化环境对坏脾气可能完全接受，也可能零容忍，或者介于二者之间，而你也很可能持同样的态度。这一点希望你谨记于心。如果你成长的文化对坏脾气持一种态度，而你的伴侣来自另一种文化且对坏脾气持有相反的态度，那么你们可能会发生观念的冲突，也有可能找到平衡。无论你家的实际情况如何，深入了解自己所持观念的根源对于应对孩子的暴脾气很有帮助。

的情绪更加崩溃，父亲也更加局促不安。与蕾妮和奥利维亚的例子一样，父子之间的互动也是一个恶性循环，这个循环只有父亲才能打破。当儿子脾气失控时，父亲应该竭尽全力调整好自己的情绪。他应该深吸一口气，在心里默念为这种情况准备的暗语："眼前的这个人是我孩子，不是我父亲，我才是父亲。"

当我第一次建议这位父亲使用这个暗语时，他笑了。"我觉得这是迄今为止我听过的最俗套的做法了。"他说。毕竟他正在和妻子闹离婚，他求助于我，希望我给他一些养育孩子的建议，却怎么也不会料到我会让他念一段与自己那醉醺醺的父亲相关的暗语。即便如此，他还是被我说服了，愿意尝试一下，结果发现这是第一个让他有效控制住孩子坏脾气的策略。

以下是我所接触过的一些父母在孩子脾气发作时提醒自己保持冷静的暗语。

● "她是我的孩子，不是我的父母；她知道我真实存在，而且知道我非常重要。"该暗语来自一位因被自己的父母冷落或不被自己的父母理解，而被女儿有意无意的忽视所激怒的母亲。

● "愤怒只是一种情绪，它并不危险。"该暗语来自一位成长于以压制自己的情绪为荣，把所有高于 3 级强度的情绪（情绪强度由弱到强为 1～10 级）都视为威胁的家庭的父亲。

● "我和孩子互道晚安时将亲吻拥抱。"该暗语来自一位成长在关系脆弱不堪，把与孩子的每次冲突都视为永久决裂的家庭的母亲。

● "孩子并不是我，而且我的做法与我父母的不一样。"该暗语来自

依恋理论

依恋理论由约翰·鲍尔比在20世纪50年代提出，其核心观点为：受生理的驱使，人自出生起便对自己的主要看护人产生依恋感。大量的研究发现，依恋质量的优劣能够对儿童与成年人产生一系列实质性的影响，包括影响孩子的身体健康、心理健康、未来与同伴的关系和恋爱关系。该领域的许多发育专家、临床和公共卫生心理学家以及儿科医生、精神病学家和神经科学家一致认为，儿童长期健康发展的基础在于能够在童年时期与至少一位成年人建立起安全的依恋关系。

那么，我们该如何确保孩子对我们产生安全的依恋呢？我们应该对孩子的生理和心理需求予以肯定并尽量满足。我们应尽自己所能，深入了解孩子的内心、孩子的需求、孩子的思想。那么每时每刻都得这样做吗？当然不是，因为这不可能实现。我们只需要做到"足够好"就可以了，这个词语是英国儿科医生和精神分析学家唐纳德·温尼科特创造的。他深刻意识到，不完美的育儿方式其实对孩子有切实的益处，当然在现实生活中也并不存在完美的育儿方式。

有着充分安全依恋的孩子既渴望又有能力探索周围的世界，而且在他需要时总会回归我们这个"安全基地"寻求安慰和支持，他会一直与我们产生联结。我并不是说有着安全依恋的孩子永远不会发脾气，实际上，对看护人产生安全依恋的表现之一便是深知自己可以"放一百个心"，无须担心被拒绝。因此，通过深入理解孩子的坏脾气并以更为善解人意的方式去应对，父母就能够进一步加固与孩子的安全依恋关系，这对于孩子的身心健康和幸福都至关重要。

> 为了探明孩子的坏脾气为你带来的沮丧和你个人经历的关系，不妨问问自己："此时此刻，受到这种情感煎熬的我，处在哪个年龄段？"

把自己童年时期的痛苦映射到孩子身上，把孩子正常的沮丧或悲伤情绪视为极度绝望或孤独的父母。

有一种方法可以用来"诊断"孩子的坏脾气是否诱发了你童年时期由于父母的养育方式在你的内心留下的旧伤痛。你可以向自己提一个简单的问题，这也是当我听到咨询者向我谈及自己的沮丧感时，我经常会问他们的一个问题："此时此刻，受到坏情绪煎熬的你，处在哪个年龄段？"也就是在问你，你的这种沮丧反应是源自你成人的自我，还是源自童年时期的你？当你回归平静且专注的心理状态，发现你的情绪反应大大超出了当时的场景下应有的情绪反应时，你的答案很有可能是后者——"此时的歇斯底里，定有彼时的历史渊源。"

童年时期父母管教我们的方式

我们童年时期受到的教养方式和我们童年阶段与父母的关系有很大的相关性。从本质上说，我们对孩子坏脾气的反应往往与我们的童年时期，父母对我们行为的约束有直接的相关性。有的人童年时期受到了父母过多的约束，所以他们对自己的孩子的管束极为宽松。

我们以凯西的儿子德鲁为例，凯西家中没有设定什么规矩，德鲁每天都会多次使性子。德鲁的坏脾气总能得逞，他经常挑战妈妈的底线来获取自己想要的东西。这一招屡试不爽。我多次跟凯西强调设定规矩的重要性，但无论多么苦口婆心也无法取得进展。直到凯西向我揭示了拼图最关键的一块——她是如何被养大的——我们的咨询才取得了突破性的进展。

原来，凯西的父亲曾是一名军官，也是一位虔诚的教徒。"他控制着我的一举一动，"凯西说，"我感觉连呼吸都要征得他的同意。"这种家教方式对她造成的痛苦至今刻骨铭心，她发誓一定要用相反的方式养育德鲁。凯西不想让德鲁经受自己童年的煎熬。尤为特殊的一点是，凯西的父亲现在仍然扮演着非常活跃的外祖父角色，所以我能感觉到，凯西是想通过背离当年父亲的家教方式（在某种程度上，这种家教方式延续至今）向父亲展示自己的力量，满足自己的报复心理。唯一的问题是，凯西被自己的心结蒙蔽了双眼，以至于她忽视了给德鲁立规矩的重要性。

我向凯西强调，在给孩子立规矩时应该循序渐进、适可而止，绝不能重走父亲的老路、绝不能牺牲她与德鲁之间的爱和温情。我并不是想将凯西的父亲妖魔化，他之所以成为一个严父，肯定有自己的原因，可能是源于自己昔日的经历。我的目的在于阐明凯西的父亲养育凯西的方式是如何影响了她的养育方式，只要凯西明白了这一点，她就可以做出改善。很快，凯西便采取了更为有效的方式来应对德鲁的坏脾气，降低了德鲁发脾气的频率，缓解了其强度。

当然，事情也可能走向另一个极端。我也接触过许多父母，他们童年时期没有受到来自父母的任何限制。回首当年，他们反倒希望父母对自己更加严厉，于是他们为自己的孩子设定了过多的规则。等他们把这些规则都列出来之后，连我都忍不住要大发雷霆了。他们太过执迷于这样一种想法："孩子不应该逃脱我当年免受的管教。"

你的父母在童年时期是如何管教你的？

> 无论是完全复制还是完全推翻上一辈的养育方式，都会让我们脱离现实，陷入过往的泥沼，从而导致我们决定自己的养育方式的自由被剥夺。

然而他们恰恰忽视了要满足孩子当下的需求，而只是把自己当年没有被满足的需求强加给了孩子。

在养育过程中，我们不应完全照搬上一辈的养育方式，也不应全面推翻上一辈的养育方式。以一位在主张管教而非聆听孩子心声的家庭环境中长大的父亲为例。如果这位父亲对这种教育方式不假思索地复制，那么当他试图管制孩子以自主性和情绪化为主要特征的行为时，孩子肯定会以激烈的暴脾气表示抗议。相反，如果他觉得应该每时每刻都听从孩子的需求，自始至终不提任何要求，对孩子听之任之，那么这种养育方式也高明不到哪里去。

这个例子也许有点夸张，但其重点在于说明，这两种方式都无法使父母关注到孩子当下的需求。不论是试图复制还是完全推翻上一辈的养育方式，在原生家庭影响之下所做出的养育决策都是在对自己的过往进行回应，而这与我们所创建的新家庭格格不入。这么做的后果是使我们与孩子失去默契，亲子关系不断恶化，加剧孩子的坏脾气。

我们童年时的经济条件

这个问题相对复杂。事实上，由于它过于复杂，我甚至多次打退堂鼓想完全跳过对它的分析。人们经常倾向于逃避讨论富有或贫穷、是否享有特权等问题。如果我们真这样做了，那么这些问题就会变成房间里的大象：对人影响巨大，却被人选择性地忽视。我在工作中接触的父母往往有着不同的社会经济背景，因此这个话题具有不可忽视的重要性，需要对其进行论述。作为一名儿童心理学家兼母亲，我对这个问题进行了深入细致的思考，最终发现它的影响力体现在诸多方面。比方说，虽然我们知道学步期儿童的自我中心主义和控制欲实属正常，完全符合发育规律，但是，当父母担心孩子最终"被宠坏"或"骄纵不堪"时，我们童年时期的经济条件的影响就出现了。

一个周日下午，我父母跟往常一样来我家来看望我们。亨利兴冲冲地跑上前去迎接他们，双手紧紧抓着自己的新消防车玩具，举起来给外公看。"外公，快看，看！"他咧开嘴大笑着说。"又买了新玩具？！"虽然我父亲的这句话表面上这是对亨利的回应，但其实是冲着我来的。"是呀。"天真的亨利从容地回答。我却感到自己的脸颊因为羞愧而微微发热。我的大脑开始了一连串的想象，开始反思自己是否对孩子有求必应，回忆我对孩子说"好的"和"不行"的频率孰高孰低。我甚至想象亨利长大后成了一个很糟糕的成年人：他不明白钱来之不易，不懂得辛勤工作的可贵之处，意识不到很多非洲儿童还填不饱肚子，也不知道奉献的重要性。所有的这些想象都源自我在他 2 岁时给他买的这个既非生日礼物，也非光明节礼物的新消防车玩具。

在接下来的几天里，每当亨利脾气发作的时候，我的立场比以往更加坚定，一改以前很有同理心的姿态，以更严苛的态度对他做出回应。毕竟，我需要让他明白，他不可能想要什么就得到什么，我不可能对他有求必应。结果，亨利的坏脾气变本加厉。这进一步证实了我的假设：我的确是过于溺爱亨利了，如不纠正，他将永远不可能对社会做出积极的贡献。到了周四的时候，我和亨利的关系已经恶化到了极点，我感觉很不妙，这意味着他可能感到了双倍的痛苦。

经过一番分析，我终于把当前的困境与上周日我父亲探访的那段插曲联系起来。由于过于担心自己会把亨利"宠坏"，我原本那善解人意、与孩子建立联结的养育方式被打破了。对于满足孩子一切需求的养育方式，我从未有过愧疚感。过去，我一直尽最大努力理性对待亨利的每一个要求，而且也能做到与他情感相通。在过去的四天中，亨利的暴脾气日趋严重并不是因为他被宠坏了，而是因为我严重受到了自己"心结"的影响，以至于无法在情感上与他相通，所以无法平复他的坏脾气。

由于我过于担心亨利被宠坏，导致了我和亨利之间的矛盾，而这种矛盾并非个例。我在工作中接触的许多父母，虽然其经济条件各不相同，但都有类似的担忧和经历。当然，我也接触过这样的父母，他们的担忧恰恰相反：由于自己小时候的经历，他们担心自己的孩子也会像童年的自己一样有着强烈的匮乏感和羞耻感。最近我见了一位母亲，她叫珍妮特，是一位成功的银行家。她在南方农村一个贫穷的农场里长大，她仍然记得当年在学校因为衣服不合身、有污渍或有破洞而被别人取笑。现在她有了自己的孩子，她发誓一定要让他衣食无忧，不让他体会到自己当年所受的屈辱。结果，只要儿子提出要求，就能得到自己想要的东西。然而，孩子的父亲和老师却不会事事如孩子所愿，于是问题就出现了。当其他看护人试图对孩子加以限制时，孩子就会怒不可遏，因为他无法理解为什么别人不能像妈妈一样满足自己的一切要求。对于这个家庭，我的任务是帮助珍妮特意识到，自己的童年经历对她养育决策的影响，并让她明白，自己对儿子有求必应并不利于儿子的成长。当她看清这种联系时，便能更加理性地回应儿子的需求，和丈夫也能达成共识。后来，孩子在家发脾气的次数越来越少，在学校也越来越乖了。

毋庸多言，童年时期的经济条件和本章所提及的其他所有问题一样复杂，很难简单分类或轻易做出解释。但我还是希望通过一些例子让你意识到这些问题，促使你反思自己在金钱方面的观念，同时思考这是否在某种程度上影响了孩子的坏脾气。无论你有什么样的个人背景、处于什么样的人生状态，上述问题都可能影响你看待孩子的视角，导致你无法以清晰的逻辑解读孩子的言行举止，而这恰恰是对孩子的坏脾气进行干预最为有效的第一步。

在进入下一节之前，我们可以在此囊括更多的副标题来诠释我们个人的过往经历在坏脾气互动中扮演的角色。以食物为例吧。你是否了解有多少学步期儿童会在餐桌前甩出最暴烈的脾气。这些孩子的父母中又有多少人对食物、吃相或身体形象等有过不愉快的过往经历。上述两个问题的答案都是"很多"。难道这是巧合吗？当然并非如此。那些在自己童年时期不擅长交友的父母发现，在游乐场或生日派对等社交场合容易触发自家孩子最激烈的坏脾气。通过进一步研究，我发现这些父母在上述社交场合中往往感到无所适从、毫无安全感，所以当他们在此种场合中遇到孩子发脾气时，他们的反应更为严苛。这非但起不到抚慰作用，反而加重了孩子的坏脾气。最近我接触的一位母亲告诉我，她小时候最难为情的事情便是自己运动能力差、手眼协调能力不足。那么你可以猜到她儿子最近一次的情绪崩溃发生在什么场合。你猜中了：正是在网球场上，也是他的第一次网球课。

你对哪些因素最为敏感？这些因素是不是导致你孩子频频发脾气的原因？

　　这些问题的重点在于，我们每个人的性格和个人经历中都有敏感和脆弱的部分，或者说，都有最容易被触发的导火索，而最能将这些导火索迅速点燃的莫过于我们孩子的行为了。虽然我已经列出了最为常见的坏脾气导火索，但是请记住，这个列表仍需完善。我最近接触到一位能够沉着应对女儿绝大多数坏脾气的母亲，但是当女儿因为心烦意乱而使出一种"奇怪的眼神"（这位母亲的原话）时，她就会勃然大怒。我想你应该不会对下述原因感到惊讶了——这位母亲在孩童时期饱受面部抽搐的煎熬，并因此被小学同学恶意取笑。当她看到女儿奇怪眼神时怒不可遏，她的童年经历有打不开的心结，一旦找到了这两者之间的联系，那么她便能够转变思维，以更为沉着冷静的方式应对。你不妨问问自己：我是否能找到类似的联系？请花点时间总结一下自己的"心结"以什么方式、在什么情形下导致了孩子坏脾气的爆发，我保证，这样做大有裨益。

　　如果你记录了孩子最近一次的坏脾气，而且还为其标注了符合孩子成长规律的特征，那么这就可以作为你的分析的起点。通过回顾，你可以分析一下自身的问题（包括你对孩子的期望、你与自己父母的关系、你童年时被管教的方式、你童年时期的经济条件等）是如何被触发以及如何影响你处理孩子的坏脾气。你是否有所发现？是否找到了什么规律？有没有觉察到某个很明显的问题？

　　对于这些发现和感受，你可以根据个人风格和偏好选择在接下来几周的空闲时间里（开车或洗澡时）细细思考，或者向同伴或好友倾诉。你还可以将这些话题记录下来并不断总结分析，看看是否有所收获。最后，你可以跟自己的治疗师探讨这些问题，当然最好找一位擅长深入分析亲子关系的治疗师。

读到这里你是否颇有感触呢？将自己的童年经历抛诸脑后，牢牢把握当下，把精力放在我们当前的压力程度这个真实具体的问题上。因为当我们把注意力放在此时此刻时，对孩子坏脾气影响最大的，莫过于我们自己的压力程度。

当前的压力程度

表面上看，这个问题不言自明，对吧？当压力缠身时，无论是和老板谈话，还是和配偶讨论，还是决定何时该去药店买隐形眼镜护理液，我们都会感到力不从心。当我们心有余而力不足时，那些平日里再简单不过的任务都会变得繁重复杂。当心力交瘁时，我们往往心不在焉、脾气也更急躁，于是孩子沦为了受害者，这不仅因为孩子是我们言行举止最直接的承受人，还因为他能够感受到我们匮乏的精力和消极的态度。当我们思考自己在处理孩子坏脾气所扮演的角色时，往往忽略了自身状态的好坏，包括我们自己的压力、饥饿、疲惫程度等。我们竭尽全力满足孩子的基本需求，却忘记对自己的需求给予足够的重视。

设想第一种场景。昨晚你和配偶享受了浪漫晚餐，美美地睡了一整夜，现在刚吃完丰盛的早餐。这时，你起身准备把盘子放进水槽，却没有注意到厨房地板中央的乐高玩具，你差点被它们绊倒。你 3 岁的儿子山姆正在房间里玩。此时此刻你脑中会闪过什么想法？你会怎么做呢？先记住你的这些反应。现在，设想第二种场景。这一次，你只睡了 4 个小时，精疲力竭，视线模糊。在疲惫和狂躁中，你把一个馅饼塞进嘴里，然后走向厨房的咖啡机，差点被厨房地板中央的乐高玩具绊倒。和刚才一样，你 3 岁的儿子山姆在房间里玩耍。此时此刻，你脑中会闪过什么想法？你会怎么做呢？

我让咨询者们设想这两种场景，结果发现，两种场景所触发的人们的反应截然不同。在第一种想象场景里，父母获得了充足的睡眠、摄取了足够的营养，被乐高绊倒时他们的反应往往十分宽容："毕竟他才 3 岁，忘记清理自己的玩具很正常嘛！"有些咨询者甚至想象自己夸奖孩子："山姆太有创造力了！走到哪儿建到哪儿。"当被问及在这种情况下他们会怎么做时，他们会说："我会亲自弯腰捡乐高，这没什么大不了的。"或者"我会去他的房间，让他把厨房地板上的乐高清理干净。"相反，在第二种想象场景中，父母精疲力竭，还没有喝到咖啡就被绊了一跤。这个时候他们的反应可没那么积极了："那孩子总是把玩具到处乱扔、动不动就挡我的道！"他们的做法可能会更加严厉：我可能会大声命令他立刻过来把玩具收起来！

这两种场景中，山姆犯的是同样的"罪"：把乐高玩具落在了厨房地板上。然而，父母们的反应却截然不同，山姆发脾气的可能性也不同。我并不是要评判父母的这两种反应，只是为了强调孩子是否发脾气会受到父母压力程度的影响。从理性上了解这一点之后，我们可以运用育儿策略来解决，例如当我们要求孩子做某事时，最好用个"请"字，注意与孩子进行眼神交流等。我们也可以不必过多依赖这些策略，前提是多花点精力正视并尽可能减轻自己的压力。很多父母告诉我这些策略没有作用，这往往是因为他们在恼怒和疲惫达到顶点时使用这些策略。比如在第二种场景中，即使父母走进山姆的房间，礼貌地要求他把玩具收拾干净，山姆感知到的仍然会是不耐烦和恼怒，而不是你的礼貌用语。你不可能在孩子面前假装出慷慨和富有同理心，但如果你能先照顾好自己，那么慷慨和同理心便会来得非常自然。

不幸的是，"照顾好自己"这个概念被瑜伽杂志和冥想主题博客频频引用，已然变成了陈词滥调。然而，"照顾好自己"并不仅仅指的是泡泡浴、做按摩或修指甲。在忙碌了一天去幼儿园接孩子之前，先吃一个三明治，而非只给空空如也的肚子塞进一根香蕉和几片饼干，这便是一种再简单不过的"照顾好自己"。或者，不管出于什么原因，如果你真的一整天都没有时间吃东西，你至少应该意识到，饥饿可能会对你和孩子之间的互动产生影响。

照顾好自己还意味着有充足的睡眠，把生孩子之前的至少一种爱好坚持下来，腾出时间追求这种爱好，哪怕一个月只有一次呢。

睡眠不足在你应对孩子坏脾气时会产生重要影响：导致你的情绪反应更为持久、频率增加、程度增强。当然，除此之外还有其他诸多原因可以导致人的情绪反应。无论是哪种原因，父母情绪反应的程度影响了他们应对孩子坏脾气的方式，而这反过来又对孩子的坏脾气产生影响。

如果孩子的坏脾气只是看起来很严重，有可能是因为你过度疲劳而放大了其严重性。如果孩子的坏脾气确实非常严重，则是因为你缺乏养育子女所需要付出的大量精力、温情和耐心，而学步期和学龄前儿童在这些方面的需求又很强烈。不管是哪种情况，你都可以想一想，你有多久没有睡过一次好觉、多久没有好好吃顿饭、多久没

> 你在暴躁和疲惫时向孩子假装出的慷慨和同理心会令孩子感觉并不真实。

有关注自己的需求了。也许此时此刻以上三件事都无法实现，因为你又给孩子添了一个弟弟或妹妹，或者你的工作劳心劳力，但是请一定要照顾好自己，这是最重要的事情，孩子也会因此受益。

情绪反应

几个月前，我和新客户格雷格、桑德拉坐在办公室里讨论他们女儿的行为给他们造成的麻烦。面谈开始大约 5 分钟时，格雷格的手机突然震动，他先向我道歉，然后从口袋里掏出手机。一看到屏幕，他便大喊道："哦，该死的！"我被他那粗鲁的声音和脏话吓了一跳。我立刻问他出了什么事。"我需要重新安排一个会议。"他痛苦地回答，面部表情很阴沉。"他总是这样。"桑德拉很快接过话。

我想，你也许和我一样，脑中也蹦出许多问题。这是一次特别重要的会议吗？格雷格在原来的安排上投入了大量的精力吗？重新布置会议的代价特别高，需要大量的劳动吗？以上问题的答案都是否定的。事实是，格雷格非常情绪化，无论积极的还是消极的事情都能触发他强烈的反应。一旦某根神经被触动，那么他需要一段时间才能恢复镇静。如果用更为口语化的表达，我们可以说格雷格一点也不"随和"或"沉稳"。这是他性格中根深蒂固的存在，决定了他接触和体验这个世界的方式。

某些人终其一生的情绪反应都超出常人，其原因多种多样，不仅与他当前的心情和状态（如前文所述，人的心情和状态与压力、疲惫程度和童年经历等紧密相关）有关，更与他的气质和性格息息相关。然而，情

绪反应的程度不是我们讨论的重点，真正的重点在于，人们应该对自己
情绪反应的强度有清醒的认识。我们先抛开养育的问题来设想一个更简
单的事情，比如开车。假设你在正常驾驶，此时其他车辆突然超过了你，
对此你作何感受？你是泰然处之，还是会怒火攻心、浑身不自在，甚至
在半小时过后还对自己的遭遇愤愤不平？

格雷格自然属于后者。在我们的谈话结束之后，他对自己在女儿情
绪崩溃过程中所扮演的角色有了更清晰的认识。你可以想象，如果父母
自身脾气暴躁，那么当孩子发脾气时，父母的暴脾气是多么容易被点燃。
毕竟，如果手机上一个小小的会议通知都能让格雷格勃然大怒，那么当
他面对女儿的叛逆或执拗时简直变成了火药桶！每次女儿使性子时，格
雷格便会大发雷霆，这只会使女儿的坏脾气变本加厉。因此，如果格雷
格想要改变现状，那么他应该先学习如何调整自己的情绪反应，然后再
熟练掌握本书后面讲到的更为具体的策略和方法。

格雷格学习了正念疗法，能够及时觉察到自己坏脾气爆发之前的身
体反应（如心跳加快、胸闷气短），然后借助各种放松练习（如深呼吸）
让自己平静下来。当情绪平复之后，他就能够有效地应对女儿的坏脾气。
随着时间的推移，格雷格越来越熟练地掌握了这些方法，渐渐将其化为
了习惯。练习期间，他将自己的行动用语言表述出来，演示出一系列情
绪调节技能。他会说，"我感觉有点胸闷，这意味着我现在很沮丧，有可
能会大喊大叫。我感到沮丧当然没有问题，但是如果对别人大喊大叫可
就不对了，我不想这么做。现在我要做三次深呼吸。"起初，格雷格不愿
被女儿看到自己的情绪调节过程，但是他很快意识到这种方法令人惊叹
的效果。他让女儿加入了练习，一起数数、同步呼吸。让身体和头脑冷

静下来需要付出努力、经常练习，格雷格在这一方面真正为女儿起到了表率作用。

你自己的情绪反应为你提供了重视孩子情绪的机会，与此同时，你可以向孩子示范情绪调节技能。

在思考我们应对孩子坏脾气时所扮演的角色时，有一点再怎么强调都不足为过：坏脾气的各种起因会重叠和交叉。你冲儿子发了火，那么你的愤怒可能源自下述的部分或全部因素：你是一个情绪化的人，你儿子比他姐姐更调皮，他喜怒无常的性格让你回忆起了自己童年时期父亲狂躁的情绪，所以你担心对他过于宽容会把他"宠坏了"，这让你最近一周辗转反侧，几乎没怎么睡觉和吃东西。逐一分析每种因素的目的并非要简化人类的情绪反应，而是想让你意识到在你与孩子最糟糕的互动经历中，多个因素可能会同时发挥作用。只有不停留在表面，而是深入探究各个因素时，你才能真正有效地运用后续章节中提出的防止和应对坏脾气的具体策略。

Q　我知道让自己保持冷静非常重要，但某些情况让人不得不生气。比如，如果我的女儿在发脾气时大喊"我恨你"，难道我不该有情绪吗？我会感到很受伤，很生气，哪个父母听到这样的话不会情绪激动呢？

A　这是我经常被问到的一个问题。在坏脾气爆发之前或过程中，孩子大喊"我恨你"或"我更喜欢妈妈"或"我希望换个妈妈"，父母感觉很受伤，怒火攻心，暴躁地回应孩子。父母又怎么能克制住呢？这种反应是完全自然的。但要知道的是，孩子的这些话只是心中愤怒和沮丧的表达，符合他的发育规律，情绪的表达需要父母的鼓励，而不应该被强行压制。毕竟父母都希望孩子如果有所不满能坦然交流，而不要憋在心里。不幸的是，每每此时，父母们的回应方式往往使情况恶化。

● **"小家伙，你不能这样对我说话！"**

这听起来霸气十足，但是在大家情绪都很激动时让孩子注意言词有礼貌绝不是一个有效的策略。这只会使情况恶化，起不到缓和作用。

● **"这伤了我的心。"**

虽然这确实是你的心里话，但这种回应会让孩子意识到自己颇有影响力，甚至感觉自己具有威胁性。你的孩子可没有呵护你的感受的义务，这种角色转换可不是什么好事。

● **"不，你不能这么想。"**

这是在否认孩子的感受。孩子的感受真实存在，在那个时刻他的确讨厌你、的确更喜欢妈妈，当时他所有的思绪都局限在那个场景和时刻！

● **"在我们家只能使用礼貌用语。"**

虽然这句话充满了期许，但是却违背了人的行为方式。为不友好的情绪找到发泄的出口非常重要，学步期和学龄前儿童释放情绪的其中一种方式便是使用不友好的字眼。如果家庭中的成年人能够向孩子示范处理矛盾或消极情绪的有效策略，那么孩子最终也能学会这些策略，当然，这要等到孩子 5 岁之后。

● "'恨'这个字太糟糕了"或者"不可以说'恨'字。"

坦言之，这些回应我实在无法理解。憎恨的确存在，它也是情绪的一种，与爱对立，是一种程度较高的厌恶。人有憎恨的情绪合情合理，因为憎恨和其他许多情绪一样，都是我们无法控制的。为什么不可以说"恨"呢？憎恨的确存在，是客观而真实的。我们应该接受它的存在，试着面对它。

● "好吧，比起你，我也更喜欢妈妈！"

一位父亲曾尴尬而羞愧地承认他曾对女儿说过这样的话，他问我，父女的关系是否还能复原。当然可以，现在两人和好如初。

那么在这些艰难时刻，我们该如何应对呢？作为父母，我们可以教给孩子表达情绪的词汇——愤怒、生气、沮丧——同时帮助他说出自己的情绪，让他理解自己的情绪。我建议你深呼吸，然后对孩子说：

● "我知道你现在很生我的气。刚才我让你收拾东西，但你想继续玩，这让你非常沮丧。看来你的确非常喜欢你的玩具车。"

● "你满心想着再多看一个节目，但是却被我拒绝了。这的确不好受，所以你感到非常失望和愤怒，对吧？"

你的回应能帮助孩子将情绪用语言表达出来，让他理解并接受自己的情绪。你遏制住了自己内心的伤痛和愤怒，没有任由它们主导你对孩子的回应。你可以继续为孩子制定规矩，虽然这会引发他的强烈反应，而当孩子开始冷静下来时，你可以向他这么解释来修复你们的关系——人的情绪有时候会很复杂，我们可以在爱一个人的同时又对他很生气。

第5章
家庭动态和减少发脾气频率的基石

养育与家长脾性相似的孩子更轻松，而如果孩子的脾性与家长大相径庭，那么家长就应该正视并接受孩子的本性，学会如何以最适合孩子的方式助孩子成长。在家庭中，其他家庭成员和家庭环境因素对孩子的坏脾气也有潜在的影响。无论有多少种因素在同时起作用，在孩子情绪崩溃之前、过程中及之后使用爱和规矩策略，是最有效的解决问题的方法。

"如果家中的战火没那么猛烈就好了。"

现在我们已经了解，坏脾气不是凭空产生的，而是源自亲子互动。然而现实生活复杂多变，你可能和你那学步期的孩子相处得特别融洽，你不仅能够将新学的关于大脑发育的知识熟练运用，还擅长用正念克制自己的不良情绪，你成了应对孩子坏脾气的高手。然而好景不长，就在你刚刚开始得意时，情况又开始恶化，你感觉一切又回到了原点。孩子的坏脾气越来越暴烈，而你自己也动不动就暴跳如雷。你不明白为什么会出现如此严重的倒退。这到底是什么原因呢？

学步期儿童和父母之间的互动好比一场舞蹈。我们只有理解每个参与者（即父母和孩子）在这场舞蹈中所扮演的角色，才能够让舞蹈按照我们期待的方式进行：尽可能保证舞蹈的流畅与优雅，尽可能将坏脾气的频率、强度和持续时间降至最低。例如，作为母亲，我需要对 3 岁的亨利的发育阶段特征了然于胸，包括其对自主性的渴望和高度的情绪化等。同时我还需要意识到自己的"心结"，例如我在无意识中对亨利怀有不切实际的期望，我的一些育儿观在很大程度上受到我自己童年时期一些因素的影响。绝大多数情形中，如果我能将这两方面的认识牢记于心，那么我可以很好地预测我和亨利之间这场舞蹈的效果，同时也能在某种程度上对结果进行控制。尽管以上知识很重要，但这还是不够，我们还需要再进一步，探究两个舞者之间的化学反应。在什么情形下二者的舞蹈风格能相得益彰？又是在什么情形下二者失去默契？在儿童发展领域，这个概念被称为"拟合优度"。

亲子之舞：拟合优度

拟合优度既适用于亲子关系，也适用于家庭关系。这个术语源于 20 世纪 70 年代一项关于婴儿性情——婴儿对周围环境的反应，包括生理反应和情绪反应——的研究。婴儿生来便有其特定的认识世界的风格，其中包括了婴儿的情绪强度、对挫折的忍耐力、对新面孔或新环境的反应以及婴儿的平均活动水平。如果你听到父母说他们的孩子自娘胎出来便带有某种特质，例如钟爱聒噪的音乐、对陌生人谨小慎微、精力过旺，那么你可以肯定这都是在讨论孩子性格的某个方面。回想一下我们在第 4 章中对情绪反应的讨论，格雷格在得知自己的会议安排被取消之后，脏话脱口而出，这让我始料未及，而他的妻子却见怪不怪，因为她对丈夫的这种反应已司空见惯。我通过观察发现——这一点后来也得到了格雷格的证实——格雷格的情绪为高强度类型，这也是研究人员所总结的九大性格特征之一。

拟合优度是指孩子的气质、性格与出生的环境之间的匹配程度。在养育孩子过程中，良好的拟合优度指孩子的脾性和父母的养育方式完美契合：父母能够正视、理解并接受孩子的本性，并以与之匹配的方式养育孩子。相反，如果父母对孩子的天性有所误解，甚至不接受或不尊重孩子的天性，就会导致不良的拟合优度。大量研究表明，良好的拟合优度能够对孩子产生一系列积极的效果，包括对自我的认知度高、善于调节情绪、具有灵活性和归属感。

你可能已经对接下来的内容有了大致的猜测。在那些孩子的脾性与父母的养育方式之间未能达成良好拟合优度的家庭中，尤其是在亲子之间拟合优度差距尤为明显的情境中，孩子的坏脾气爆发可能会更加频繁、更为严重。当波莱特第一次因为女儿苔丝的坏脾气来向我求助时，她说女儿的坏脾气主要在社交场合爆发，例如在操场上或生日派对上。在这些场景中，苔丝常常抱住波莱特的腿，当波莱特催促她去和朋友们一起玩的时候，苔丝的情绪会毫无征兆地"晴转暴雨"，当场崩溃。随着我对波莱特和苔丝了解的深入，我意识到这对母女之间存在着不良的拟合优度。苔丝是一位慢热（慢热与趋近/退缩的性格特征相关，指倾向于用谨慎的态度接触世界）的孩子。即使她认识在场的每一个人，在面对一种全新

如何定义性格？

科学家们已经明确了塑造人的性格的九个维度。

- 强度
- 注意分散度
- 敏感性
- 适应性
- 情绪

- 活动水平
- 节律性
- 趋近/退缩
- 毅力

的情形时，她也会谨小慎微。而她母亲波莱特则完全相反，在趋近／退缩的性格特征中她属于前者。波莱特是特别外向的人，她喜欢结识新朋友，人越多她越高兴，因此她很难设身处地为那些性格与她截然相反的人着想。波莱特并没有认清并接受苔丝的本性，而是逼着女儿融入社交场合，加重了女儿的窘迫，使女儿局促不安。女儿不仅因为当前的情境而恐慌，还感到妈妈根本不理解她，甚至觉得妈妈根本不喜欢自己。

　　我的首要任务是帮助波莱特认清并接受女儿的性格，同时也认清波莱特自己的情绪和反应。虽然性格没有高低贵贱之分，但在某些人眼中或某些文化中，某种性格会更受重视，我们应承认这一事实，这十分重要。波莱特是一个外向开朗的人，而且她是在西方文化中抚养她的孩子，西方文化对外向的性格更加重视，更偏爱那些性格开朗自信的人。我在自己的职业实践中也见证了这一点，如果家长听到自己的孩子在学校里是一位"天生的领导者"，那么家长会兴高采烈。但如果听说自己的孩子性格内敛、羞于与人交流，那么家长往往表现出一副失望的样子。内向的人和外向的人在这个世界上同样重要，对此我深信不疑，但是父母对二者的接受度却令人吃惊。考虑到波莱特的个人情况和文化背景的影响，她担心女儿在社交场合的慢热性格会阻碍女儿未来在学校和职场的成功也就不足为奇了。

　　在后续的交流中，我和波莱特谈到了这样一个事实：尽管每个人的脾性都是与生俱来的，但它并不能完全决定性格；成长环境对人的性格也有很大的影响，尤其是与主要

你可能非常看重某种性格特征，但是你孩子的脾性却恰恰相反，这会不会是导致孩子坏脾气的原因呢？

看护人之间的互动。关于这一点，我所听过的最贴切的类比是做蛋糕。我们将刚出生的孩子比作面糊，其成分是固定的。面糊是否能够成功"升级"为蛋糕取决于烤箱温度、原料的混合程度、烘焙的时间等诸多因素。我们还可以将这个类比进一步演绎，波莱特试图提升苔丝在聚会中的交际能力，就像试图把做舒芙蕾的面糊烤成巧克力蛋糕一样。波莱特忽视了苔丝的天性，做法也过于生硬刻板，不利于苔丝的健康成长。

养育与我们自己的脾性相似的孩子更加轻松，因为我们天生就知道该如何做。如果孩子的脾性与我们大相径庭，则有可能造成不良的拟合优度，我们应该学会如何以最适合孩子而非我们自己的方式助孩子成长。波莱特需要意识到并接受这一点：苔丝将很难成为派对达人，因为她生来就不是这种性格。之前波莱特一直幻想着女儿和自己一样，但她现在需要打破这种幻想，并承受随之而来的情绪。然后，她要接受苔丝的天性，以更加温柔、更善解人意的方式对待苔丝，帮助苔丝从内敛的壳中慢慢走出来，让苔丝感受到妈妈对自己的支持。

比如，波莱特需要意识到，有些人参加生日派对会感觉惶恐不安，而不像她觉得的那样是快乐的享受。她不应该粗暴地把女儿的手从自己的腿上撬开。相反，波莱特应该小心翼翼，先允许女儿紧抱住自己的腿，然后握住她的手，坚定地站在她身边，鼓励她自己走向派对。波莱特要告诉苔丝，妈妈永远是她的坚实后盾——这是关键的一步。波莱特渐渐学会了放下偏见，透过苔丝的视角来看世界。她正视苔丝的焦虑，帮助苔丝变得更加勇敢。渐渐地，波莱特感受到了与女儿在社交场合共处时发自内心的快乐，两人的情感联结日益加固。虽然

脾性的差异不一定会导致不良的拟合度。

波莱特和女儿的性格仍然大相径庭，但短短几个月内，她们的关系已经有了显著的改善，苔丝坏脾气爆发的频率和强度都有了明显的下降。

在职业实践中，我也见过不少亲子之间脾性"不匹配"的现象。

- 儿子大大咧咧、行为莽撞，父亲羞涩腼腆，具有艺术气质
- 女儿热衷于时尚的粉红色公主装，妈妈对时尚毫不关心
- 母亲酷爱户外活动，儿子只喜欢宅在家里
- 爸爸热衷于窝在家里，女儿酷爱户外活动
- 女儿活泼好动，妈妈只喜欢静坐在沙发上读书
- 儿子酷爱刺激惊险的活动，妈妈对万事小心翼翼
- 爸爸是吃货，儿子吃什么都无所谓
- 女儿感情敏锐、心思过重，爸爸粗枝大叶、不拘小节
- 儿子蓬头垢面、邋遢、不修边幅，妈妈有严重的洁癖

当然，上面所列的例子并不一定都与性格相关，很多情况只是阶段性的表现，稍纵即逝，你可以松口气了！许多 4 岁小女孩喜欢把自己打扮成公主，但是随着她们逐渐长大，兴趣爱好会转移到其他事情上。同样地，年幼的孩子常通过使用"枪"（有时候是商店买的玩具枪，更多时候是散落在地上的树枝）来扮演不同角色，借此区分好人和坏人、英雄和恶棍、真实和伪装等不同的概念，这是发育阶段的正常现象。通常随着孩子年龄的增长，对武器、射击和打打杀杀的兴趣就会渐渐消退。然而，以上的例子都揭示了父母的生活方式（品味、兴趣、喜好）与孩子的巨大差别。

有的坏脾气是阶段性的，只发生在特定的时间或地点

有时亲子冲突只会在特定的时间出现，比如用餐时或在游乐场时；有时它却频频发生，给亲子关系蒙上阴影。无论是哪种情况，我给出的最重要的策略之一就是父母要正视并肯定孩子在某个特定阶段的本性，创造机会加深亲子感情，避免因亲子之间的性格差异而产生冲突。

现在，假设亲子之舞进入了最佳状态：节奏感强，能优雅且巧妙地避免坏脾气的爆发，或者在必要的时候能够缓解坏脾气……直到有位不速之客想要加入舞蹈！众所周知，三至五人的集体舞蹈要困难复杂得多。你和舞伴两人一起摸索华尔兹方形步可能较为简单，但多人参与的滑步舞、霍拉舞或婚礼上群情激昂的集体舞却是难上加难。

排舞或群舞：不同家庭成员所扮演的不同角色

绝大多数家庭都不是只由一个家长和一个孩子组成的，通常会有两个家长、兄弟姐妹，有的家庭还有继父母、祖父母、外祖父母、保姆等。我们不可能一一解释每种家庭结构对孩子坏脾气的影响，但如果想要探寻孩子坏脾气背后的原因，那么就不能忽略其他家庭成员的动态所产生的影响。

多子女家庭

我最近接触了一个家庭，家中有一对 3 岁双胞胎：安迪和伊兰。他们的父母想要知道，为什么在家里伊兰比安迪更爱发脾气。（伊兰在学校

倒是很乖）我从某一天的傍晚开始观察这个家庭，父亲刚下班回到家，在晚餐开始前坐下来和孩子们玩拼图。没过几分钟，伊兰似乎对这个活动感到厌烦了，他走到玩具区，像是想找点别的事情做，然后他突然开始用力踩地板，气呼呼地抱怨："我讨厌这些玩具，我什么都不想玩！"父亲停下了与安迪的拼图游戏，起初他并没有起身，只是口头上训斥伊兰。但随着伊兰越闹越凶，他不得不站起来，走到玩具区去斥责他。安迪则独自一人继续他的拼图游戏。

我曾多次见到过这种互动方式。起初，父母和一个孩子玩得正开心，另一个孩子突然情绪爆发，父母只得离开玩得正开心的孩子，急匆匆地赶去照顾又哭又闹的孩子，防止他情绪失控。有的时候这种处理方式很有必要，特别是当哭闹的孩子因为沮丧而不知所措时。然而在大多数情况下，这种互动方式反映出的却是更为普遍的、有问题的亲子互动模式，即孩子意识到吸引父母注意力最简单有效的方法就是发脾气。久而久之，这种模式会导致兄弟姐妹之间"角色的分化"：其中一个孩子在大家眼中"较难相处"，会赢取父母更多的关注，即使这种关注是责骂，对孩子也会起到强化其行为的作用，最终形成对所有人都毫无益处的恶性循环。

双亲家庭

要想理解伊兰的坏脾气，就需要将他的行为置于家庭环境中审视，对于有多个孩子的家庭来说这样做很有必要。家庭动态有可能在引发孩子坏脾气时扮演重要角色。在上述例子中，引发孩子坏脾气爆发的一个重要因素是手足关系。还有一个关键变量也值得我们探究，它在我的职业实践中也频频出现，即家庭中父母之间的关系。在理想状态下，父母应该是彼此最坚实的后盾，但现实生活中父母有可能产生矛盾，尤其是在养育孩子的时候。即使父母关系融洽，两人的养育哲学或偏好也可能截然相反，甚至针锋相对，导致两人关系紧张。如果父母针锋相对——尤其是在养育方式上水火不容，那么孩子一定会觉察到父母之间的紧张关系，孩子的行为会深受影响。

　　最近我在工作中接触了一对父母：迈克尔和杰西。虽然他们都对2岁的女儿米娜呵护备至、关爱有加，但夫妻二人的养育理念却大相径庭。迈克尔出生在巴尔的摩，由单亲母亲带大，成长的环境不太安全。他推崇严格的管教方式，相信孩子只有对父母"有些害怕"才能有出色的表现。杰西在洛杉矶郊区的富裕双亲家庭中长大，她对迈克尔的观点不太理解，当迈克尔对女儿施加严格限制时，杰西一心想着要好好安慰呵护女儿。这对父母本着最好的初衷——为女儿好——将各自的成长方式、文化观念和个人经历融入到养育行为中。他们之所以前来向我求助，是因为虽然女儿只有2岁，但她已经意识到迈克尔是"唱白脸的"，而杰西是"唱红脸的"了，她经常让父母陷入敌对状态。当米娜得不到自己想要的东西时就会大发雷霆，这让父母非常头疼，他们也无法就控制她的坏脾气达成一致。

你和伴侣养育方式的差异是否加剧了孩子的坏脾气呢？

　　当女儿发脾气时，迈克尔和杰西经常当着她的面争吵不休。"为什么就不能让她多吃一块饼干呢？"杰西怒气冲冲地问。"我们又不是给她一整个大蛋糕！""因为我们已经拒绝她了，她需要知道我们是认真的！"迈克尔这样反驳。父母无休无止地争吵，米娜听得清清楚楚。随着迈克尔和杰西之间冲突的

加剧，米娜的脾气也越来越坏，这是由以下两个原因导致的。首先，米娜
能觉察到父母对彼此的愤怒，也能意识到自己的行为是他们愤怒的根源。
如果孩子意识到父母对自己的情绪和行为难以承受，那么孩子会极度焦
虑，这会增加她的痛苦，使她脾气越来越坏。其次，米娜对红脸和白脸
的角色分配了然于胸，她知道如果发脾气，那么她最终会得到她想要的，
本例中是多得到一块饼干。

　　鉴于此，我对迈克尔和杰西提出了两个要求，这也是我对那些持不
同养育哲学的父母给出的建议。第一个要求是坚决避免在女儿面前争吵。
当然，米娜偶尔见识双亲的不合并无大碍，但是如果让她频繁目睹父母
因为自己而陷入严重的分歧，则只会对她造成伤害。父母应该给米娜营
造出这样一种感觉，即大人们能够牢牢把控局面，形成统一战线。第二
个要求是让迈克尔和杰西达成一致，找出两人在养育方式上的共同点，
使得两人都有机会唱红脸和唱白脸，都对女儿展现出关怀和严厉。当迈
克尔和杰西做到上述两个要求的时候，米娜的坏脾气就越来越少了。

　　再次强调，我并不是说所有双亲家庭的情况都和迈克尔和杰西一样，
而是想阐明，坏脾气之舞绝非仅限于孩子和一个家长。为了更精准地查
明坏脾气的源头，我们往往需要纵观全局，审视家庭中的各种变量。你
可以问问自己，当你和孩子在舞蹈中遭遇严重挫折时，是否还有别人也
加入了这场舞蹈呢？当你发现了所有的舞者并对他们各自的动作了然于
胸时，你就能找到孩子坏脾气的关键原因。当然，水满则溢月盈则亏，
背景音乐会再次改变，或者，地面会再次震颤摇晃。我可没有开玩笑。

Q 在我们家，我唱红脸，我的另一半唱白脸，这很管用，但有什么坏处吗？

A 每当有人告诉我，某些做法对自己的家庭有益时，只要没有家庭成员承受负面情绪的煎熬或人身安全受到威胁，我都不会介入。毕竟，世上的家庭千差万别，我的职责不是去评判某种做法是否正确。许多客户向我求助是因为他们的某些做法不起作用，我想这可能也是你们正在阅读本书的原因。

我的工作是为你理清头绪。假设你家有意采取唱红脸唱白脸的管教模式，或者你无意中实行了这种模式，但是你觉得这并不是导致孩子脾气严重失控的原因，我可以帮你厘清其中可能的原因。

唱红脸唱白脸的教育方式给父母分配了不同的角色，其中一方负责给孩子以关爱，而另一方对孩子施加限制，这并不意味着任何一方不可以同时扮演两种角色。有人可能会问，在双亲家庭中，孩子感受到了来自一位家长的关爱和来自另一位家长的限制，这会导致什么后果吗？如果家中的两位成人以相悖的处理方式对待孩子的情绪表达和行为，可能让孩子感到十分困惑，幼儿的安全感会被削弱，不再认为这个世界是可被预测、安全的（他们需要探索、学习、发展并驾驭这些感觉）。相反，他们会意识到家里的规则并不可靠，搞不明白到底是谁在负责，感觉家里的情绪氛围捉摸不定。孩子会把这些感觉内化，对大脑的发育造成压力，甚至导致情绪或行为问题。除此之外，我也频频目睹唱红脸唱白脸的教育方式导致家庭的分裂，父母之间的怨恨越积越深、夫妻关系逐渐恶化。

在这种家庭里，父母中的一方倾向于扮演监督人或训诫者的角色，而另一方则扮演着关怀者或"风趣幽默"的角色。在接触这样的家庭时，我通常建议父母们身兼两种角色。例如，我可能会要求扮演监督人的家长整个周日下午都不给孩子提出任何要求，只专注于玩乐。或者，我会让那位承担风趣幽默角色的家长负责监督孩子完成某项任务。有时候，当我谈到角色转换时有些父母会局促不安，甚至表示拒绝。通过这样的谈话，我往往能够洞悉家庭中夫妻感情、家庭动态、父母个人背景等各方面的信息。正如我前文中所述，对以上各种问题保持觉知是预防和缓解孩子坏脾气的关键。

Q 父母可不可以在孩子面前争吵？

A 可以，但是我更倾向于使用"争辩"这个词，或者用"呈现矛盾"这个短语。研究者们对父母之间的冲突做了分类，如果父母在发生矛盾时充满敌意地伤害对方，那么将会对孩子造成极为严重的伤害，导致孩子的情绪、行为和健康出现问题。父母的敌对行为包括肢体矛盾、言语攻击、冷战等等。

然而，一味避免冲突并非解决之道，也根本无法实现。两个成年人居住在一起，一起抚养孩子，支撑一个家庭，如果要以真性情相处，相互依靠的话，就不可避免会产生矛盾和冲突。当发生冲突时父母应该正确处理矛盾，必要的时候做出妥协，要善于向伴侣表达支持并展现积极的情绪。让孩子看到这样的冲突及和解过程不仅对他没有害处，还能产生积极的效果，提升孩子的安全感、社交技能和自尊心。所有的父母都会有冲突，其对孩子的影响取决于冲突的性质——是建设性的还是破坏性的。

如果你和另一半之间的冲突是破坏性的，那么我建议你向婚姻咨询师寻求专业的帮助。如果你们之间的冲突是建设性的，我可以告诉你一个小技巧：当你和另一半正争吵不休，而你那学步期或学龄前的孩子通过表情或言语表达出关切时，你可以用拇指和食指比出很小的缝隙，向孩子保证："我们的矛盾只有这么小。"然后张开双臂，告诉孩子："我们的爱有这么大。"

伴舞音乐是否也有影响？——那些"顺便一提"的因素

我们已经了解了其他家庭成员对于幼儿坏脾气之舞潜在的影响，你快接近应对孩子情绪崩溃的"万能公式"了。先不要急，伴舞音乐会不会也有影响呢？还有跳舞时的场地呢？我们只有确保场地安全稳定、音乐节奏均匀有规律，才能够深入理解坏脾气之舞并提供有针对性的指导。这一点至关重要。在分析坏脾气时，我们需要考虑场地和伴舞音乐等周围环境，它们都是坏脾气爆发的温床。即便你对学步期孩子的舞步了如指掌，对自己的舞步力求完美，时刻注意周围其他成员的舞步，却无法完全掌控那数不胜数的环境因素的话，它们也可能会让你摔个大跟头。

　　我把这些数不胜数的环境因素称为"顺便一提"的因素。为什么呢？因为在我收到的语音邮件和电子邮件中，这些环境因素都是父母们事后才想起的，好像它们不可能成为激发孩子坏脾气的原因，但是为了以防万一，或许应该顺便提一下。以下是多年来父母们在表达对孩子坏脾气的担忧时说到的那些"顺便一提"的信息。

- "哦，顺便说一句，我已经怀孕 35 周了，肚子里是我家老二。"
- "我丈夫刚刚丢了工作，家中的气氛比较紧张，但我想这应该与孩子的坏脾气没什么关系吧。"
- "顺便说一句，我们一周前养了两只小狗。"
- "差点忘了告诉你，我祖父上个月搬来跟我们一起住了，他之前住在得克萨斯州，他的房子在飓风中被毁了。"
- "哦，对了，她刚刚切除了扁桃体。"
- "我们的社交活动安排得满满当当，上周我和妻子几乎每晚都在外面，不过我确定这没什么要紧的。"
- "我刚才描述的事情都发生在上周末，在我公公婆婆家。我想问问你，婆媳关系会影响孩子的脾气吗？"
- "差不多在我流产前后，他养成了睡前闹腾的习惯，当然他并不知道我流产的事，我认为这两件事没有关联。"
- "我还应该提一下，我们的保姆一个月前突然不辞而别了，那天早晨左等右等她都没来。"
- "我家的烟雾报警器又响了，一连好几天都会每隔一小时左右响一次。难道这跟孩子的坏脾气也有关系吗？"

在治疗用语中，这类话语通常被称为"门把手评论"或"门把手启示"。为什么呢？因为前来咨询的客户通常会把最重要的信息留到咨询结束走出房间，把手搭在门把手上的瞬间。虽然咨询者们轻描淡写地说出以上信息，但是它们往往与孩子变本加厉的坏脾气有莫大关系。我们需要谨记：发脾气是情绪失控的行为表现，而上文提及的所有事情几乎都能压垮两三岁孩子的情绪。

上述话语只是一些例子，代表了可能导致学步期和学龄前儿童坏脾气的问题或事件。我将它们列出来意在强调追踪线索的重要性。如果你那小家伙的坏脾气突然升级，而你已经仔细排查了截至目前我们所讨论过的各种因素，那么是时候跳出当前情境考虑了。看看家中、街坊邻居或社区现状，这些因素会直接或间接地影响孩子发脾气时的亲子互动。或许，在你的脑海中已经有一个若隐若现的因素，你并没有觉得它有多重要，但是它却有可能是解码孩子坏脾气的关键。

Q 我儿子真会因为我流产而变得脾气暴躁吗？这怎么可能呢？我当时只是处于怀孕的初期，甚至都没有告诉过他！

A 这个问题是关于流产的，与我听过的类似问题一样，都属于棘手的或压力大的问题。对此，父母们心中普遍的疑问是，为什么孩子从未被告知的事情会影响他的行为呢？答案很简单：孩子的感知能力强。

学步期和学龄前儿童的大脑就像海绵一样，孜孜不倦地吸收新信息，学习、探索并接受新环境。他们的眼睛、耳朵、思维不知疲惫地将他人面部表情的变化、声调的变化、周遭的信息一一捕获。如果家里有了什么变故，对家庭气氛造成了影响，那么孩子会觉察到。虽然孩子懵懵懂懂，但如果他意识到某些变化超出了自己的理解，或者感觉不对劲，那么他的情绪会受挫。当情绪受挫时，坏脾气就会升级。

那么我们该怎么做呢？我们不能告诉 2 岁半的孩子，妈妈怀孕已经五周了，但是因为状态不佳所以流产了。但是我们可以向孩子坦言："妈妈的确遇到了伤心事，但这不是你造成的。"我们还可以告诉孩子，遇到伤心事并没有什么大不了的，我们可以和其他成年人谈心来化解悲伤。这样的交谈会让孩子安心，让他确定自己并非胡思乱想，父母确实如他所料遇到了麻烦，但父母能够处理好。以孩子能听懂的方式真诚地告诉孩子目前自己所面临的问题，能够有效地抚慰孩子的情绪，进而平息他的坏脾气。

如果你的孩子动不动就发脾气，且发脾气的频率、严重程度和持续时间都不断增加，你也考虑了幼儿大脑发育的特征，考虑了父母的因素、家庭背景，但是仍未探明原因，那么不妨思考下边这个问题。

如果撇开孩子的坏脾气不考虑，你们家最近的生活中有没有发生什么变故，有没有遇到巨大的挑战？

这再次把我们带回问题的关键点：孩子能够处理哪些情绪？你正在

面临什么样的压力？你可以做些什么？事实证明，无论生活中遇到了多么大的挑战，只要你掌握爱和规矩策略，都将能够从容应对。

爱和规矩策略

现在你终于接触到本书的实践性内容了，它包括避免和缓和坏脾气的具体措施，不仅针对一般情形，而且也适用于一天中棘手的时刻、让人头痛的情境和复杂难解的场景。我甚至列出了禁做事项的清单，帮你预防和化解孩子的坏脾气。

几十年来的研究表明，健康的养育方式——能让孩子健康成长、提高其适应力的方式——应该包括两个重要的方面：爱和规矩。爱是指让孩子感到关怀、感到被爱，这个概念与"爱自己的孩子"有细微的差别。规矩是指要给孩子制定规则。在此，我将大量数据化繁为简，总结出以下这条重要的规律：在绝大多数情形下，那些在充满关爱且规则明确的家庭氛围中成长的孩子更擅长应对不同的场合、更善于驾驭这个世界。而那些在规则过于严苛、缺乏温情，或者要求过低、呵护过多的家庭中成长的孩子，其表现往往不尽如人意。那些在毫无规则可言、严重缺乏关爱的家庭中长大的孩子，情况更糟。如果父母们在养育过程中充分融入并平衡了爱和规矩两种因素，那么父母们所担心的其他种种琐事也就都变得无关痛痒了。

我在工作中接触的很多父母们往往把爱和规矩想象成处在同一频谱的两端。他们认为无论是针对某种特定情形还是整个家庭氛围，当其中一个因素的强度增加时，另一个因素就会随之降低。例如，最近我接触的一位父亲为我讲述了上周末他和女儿阿利克斯之间不愉快的经历。那天下午，父女二人在中央公园散步时经过一辆冰激凌车，女儿一看到冰激凌就要求爸爸为她买。爸爸认为女儿刚吃过一块饼干，不该再吃甜食了，于是拒绝了女儿的要求。女儿苦苦哀求，一心只想吃到冰激凌，而爸爸也坚持自己的立场不动摇，他认为只有这么做才算坚守规则，才不会把女儿宠坏。女儿恼羞成怒，突然出拳打在了爸爸的腿上，爸爸罚她在公园的长凳上冷静思过（time out），女儿号啕大哭，最后哭哭啼啼地跟着爸爸回家了。爸爸没有料到父女宝贵的独处时光竟以这种方式收场，他感到困惑而难过，他知道给女儿买一个冰激凌就能扭转局面，但他觉得这么做不对，他不知道应该怎样处理这种状况。

Q 当孩子发脾气时，我是否应该要求他冷静思过（time out）呢？关于这一点我听到过许多相互矛盾的说法，我想确保自己的做法正确无误！

A 这个问题的答案十分简单：不要这么做。然而其背后的原因却并不简单。

我认可冷静思过这个策略，我并不怀疑该策略的有效性：科学研究已经充分验证，在针对特定负面行为时，如果运用得当，那么冷静思过是非常有效的。但是，冷静思过这一方式的细节，包括其使用时间、使用方法以及使用目的遭到了大量的误解和误用。原因在于这个策略被人们错误地理解为是陪伴式关怀（time in）的对立面，而后者注重安抚儿童，并与之建立情感联结。

客观上讲，陪伴式关怀应该始终贯穿于养育之中，而不应是适时选用的策略。冷静思过只有在孩子习惯了父母的陪伴式关怀的前提下才能够真正发挥作用，换言之，只有在冷静思过与陪伴式关怀有明显区别的前提下，冷静思过才能发挥效力。

准确地说，冷静思过策略并不是应对孩子坏脾气合理且有效的策略。孩子发脾气是其情绪的表达，是孩子对超出他承受能力的情境或感受所做出的反应。孩子的坏脾气可能表现为不同行为，其中部分行为（如打人的行为）可以通过冷静思过的策略有效解决，而有些行为（如哭闹）则不可以。当孩子情绪崩溃时，让他离开你独处一段时间或者远离刺激因素可能对他有好处，但从严格意义上说，让你的孩子从当前的情形中抽身，或给他一段时间冷静下来并不等于冷静思过。尽我们所能准确甄别这些用语，这是作为专业人士的我们对作为父母的你们应尽的义务。养育本身已是困难重重，所以我们没有必要在不需要争议的地方制造争议！

运用爱和规矩策略并非零和游戏：使用其中一种并不意味着牺牲另一种。

在上述场景中，阿利克斯的父亲认为自己只能在爱与规矩两个选项里做出选择，他觉得当女儿在公园里发脾气时，他与她建立情感联结的唯一方式就是给她买冰激凌。在他看来，自己要么坚持，要么妥协，除此之外别无他法。他和其他许多父母一样忽略了这样一个事实：有一种策略可以同时给予阿利克斯爱和规矩，爱与规矩绝非相互排斥的关系，二者同时作用时才能产生最大的效力。

我向阿利克斯的爸爸介绍了第三种策略：如果爸爸对阿利克斯表示理解，告诉阿利克斯，想要一件东西却得不到的感觉真令人难受；同时，坚持不能吃冰激凌的规矩不动摇，事情会朝什么方向发展呢？换言之，对孩子说"不"并不意味着不能对孩子表示出同理心，对孩子表现出关爱也并不意味着你完全赞同她的行为。阿利克斯攻击爸爸很可能不是因为爸爸没有为自己买冰激凌，（如果真是这个原因，她估计早就失控了）而是因为爸爸没有意识到自己有多么沮丧，为了表达愤怒，她当时唯一能做的便是攻击爸爸。如果爸爸当时能理解她对冰激凌的渴望，而不是轻描淡写地否定，那么也许阿利克斯的情绪最终不会崩溃。

我们再看看另一个例子。佩特拉是一位向我求助的母亲，在一次咨询中她讲述了她的经历。在高压而忙碌的工作之后，佩特拉刚走进家门，儿子阿里就兴冲冲地朝着她跑来，把张开的双臂环绕在她的腿上，给了她一个大大的拥抱。佩特拉看到小家伙也欣喜不已，但此时的她已经心力交瘁，她想先去卧室换下正装再抱抱儿子。她心不在焉地给阿里一个匆匆的拥抱，然后走向自己的卧室，她告诉阿里自己马上回来。显然，阿里对妈妈的回应并不满意。他倒在地板上号啕大哭，双腿乱踢，这让佩特拉感到非常愧疚。她又急忙回到阿里身边，与他一起坐在地板上搭乐高。她说："我不停地想着穿西装坐在地板上有多难受，但我又想到自己一整天都没有见阿里了，又感到很内疚。换衣服这件事跟陪儿子比起来根本不值一提！也许我应该带着待换的衣服去上班，在回家之前提前换好衣服。"

佩特拉的处境与阿利克斯的父亲颇为相似，但两人的处理方式却截然相反。由于担心自己和阿里的情感联结被破坏，害怕母子之情受到影响，佩特拉没有给儿子设定规矩。虽然和阿里一起坐在地板上玩耍能暂时缓解儿子的负面情绪，但是，父母不应该将阻止孩子坏脾气的爆发作为教养选择时的唯一目标。悲伤、愤怒和沮丧也是生活的一部分，在安全感十足、爱意满满的家庭中，父母也应该让孩子面对现实，这样孩子今后就不会在现实面前脆弱得不堪一击。如果佩特拉继续以这种方式应对阿里的焦躁情绪，那么随着时间的推移，阿里很可能会强化这两种认识：第一，他主宰一切，他可以通过哭闹或生气得到想要的一切；第二，他的情绪正如他所感知的那样，能够给人造成恐惧，这种恐惧感是如此强烈，以至于父母会不惜一切代价为他平复情绪。

Q 让孩子对父母感到有些害怕不是很好吗？我就害怕我的父母。有时我提高嗓门或生气时，我的孩子似乎并不害怕，这让我很担心。

A 在任何情况下，孩子害怕父母都不是什么好事。感到害怕意味着没有安全感，如果孩子和最值得信任和依赖的人在一起时都感到不安全，那么会对他的身心发育产生一系列负面影响。短期来看，让孩子对父母感到恐惧确实能够收到不错的效果。孩子会更冷静、更愿意合作、更服从，甚至还能减少日常矛盾以及随之而来的坏脾气。听起来很棒，对吧？但长期来看问题就会随之出现：随着时间的推移，长期的恐惧感会让孩子高度紧张，使他出现各种情绪、心理甚至生理问题。

"我小时候就害怕我父母，而我就没有这些问题！"你可能会想。如果真是这样，那么我真心为你感到高兴。每当我引用已有的研究发现时，你要意识到它们是基于大规模的样本，是基于多人而非个人。虽然我们可以说某件事（在本例中，即孩子对父母的害怕与不安全感）增加了某人在某些方面的风险（在本例中，即孩子可能出现的各种负面问题），但这并不意味着这种结论在每个人身上都成立。实际上，有许多研究在探寻这个问题：人们承受风险的能力为何不同？人们的韧性为何不同？此外，我们需要严格区分"害怕"和"恐惧"这两个词。你小时候打碎了一个花瓶，你感到非常愧疚，担心让父母失望，你害怕爸妈会惩罚你，你知道他们将不允许你吃你最喜欢的点心作为惩罚，这便是"害怕"的表现。妈妈的脾气变化无常，有时候会因为喝了几杯酒或忙碌了整整一天而大发雷霆，这让她的孩子整日担惊受怕，这便是"恐惧"的表现。

我们既希望让孩子意识到父母能给他安全感、愿意接受他并且无条件爱他，同时也希望孩子能意识到，在必要的时候，父母也会对他加以限制且态度坚决。养育就是要将爱和规矩相结合，尽我们所能，确保孩子在情绪和社交方面健康发展，在学业和职业发展方面取得成就。

这里，请允许我重复第三种策略：将爱和规矩结合，使其共存。假设佩特拉回到家后给阿里一个长长的、充满爱意的拥抱，不要心不在焉，而是全身心投入，这种做法会有什么效果呢？"妈妈一看到你就非常开心，非常想和你玩，但是妈妈需要先去房间里换好衣服再来。"这样做既没有放弃规矩，又在坚持规矩的同时也给予了安抚。"阿里，亲爱的，我知道如果妈妈回到家后不能马上跟你玩会让你很难受，这一点我很清楚。所以我很快换好衣服就过来。"通过这种方式，阿里意识到妈妈有一套规矩，同时妈妈也能体会自己的感受。我大胆猜测阿里能够在妈妈回来与他一起搭乐高之前保持镇定，忍受沮丧感，表现出耐心，哪怕这只能持续宝贵的几分钟！

也许你对给孩子制定规矩和关爱孩子并不陌生，你可能正日复一日地使用着这两种策略。然而，在孩子发脾气的同时运用这两种策略既是一种创新的做法，同时也能扭转局势。因为实践证明无论有多少因素在起作用，在孩子情绪崩溃之前、过程中以及过后等阶段践行爱和规矩，是最为有效的安抚孩子坏脾气的方法。接下来的两章将详细阐述如何将这一方法付诸实践。

第**6**章
与孩子保持真挚的联结

也许你自认为和孩子的关系不错，但如果孩子动不动就发脾气，或感到紧张压抑，那么你首先需要做的是修补亲子关系，哪怕这意味着你要从心底承认，你很久没有对孩子表现出爱意了。当孩子感觉和父母的情感联结断裂时，他会难以承受，会无休止地发脾气。这时，给孩子安全依恋十分重要：爱孩子本来的样子，即使他并不完美。让孩子感受到你理解他，接受他的本性、爱护他。

"当然，你永远都是我可爱的小宝贝！
（除非你故意在洗澡时往浴缸里撒尿）"

你能在多大程度上降低你那学步期和学龄前孩子坏脾气的频率和强度，不仅取决于你是否在家中对孩子既有爱又有规矩，还取决于爱和规矩的程度。我再次强调这个事实：你无法一劳永逸地摆脱孩子的坏脾气，因为这是孩子成长过程中的正常表现。

本章主要讨论亲子之间的爱。每当我向父母们提及我们的首要任务就是聚焦目前的亲子关系，探讨一下他们对孩子的爱，父母们通常会给我这样的回答："哦，不用担心，我们的关系好着呢。"紧接着，他们会来一句："唯一的问题是孩子的坏脾气"或者"我只是需要更多的策略"。

我理解父母的心情。如果现实情况允许，为了节约你的时间和精力，我当然愿意跳过这一部分直奔具体的策略。

但是事情没那么简单，这就是为什么本书的前半部分花了那么多篇幅探讨触发坏脾气的复杂因素。你和孩子之间的关系是一切的基础，值得我们细细探究。

亲子关系

你可能真心觉得你和你的孩子关系不错，因为你可是打心眼里爱着他啊。然而如果你的孩子动不动就发脾气，成天怒气冲冲，或者感到紧张压抑，那么我们应该首先解决亲子关系这个问题。

这也许意味着你要从心底里承认，你很难对孩子表现出你的爱意。白天，你恨不得 2 岁的他赶紧离家去托班。晚上，你急切地期盼下周保姆到来的日子，这样你就能够从那难熬的睡前仪式中脱身。你需要深吸一口气，搜寻过往的记忆，意识到上次发自内心地对那小家伙爱意满满已经是非常久远的事了。从理性上讲，你打心底里知道自己很喜欢他，但是他总是那么淘气、那么惹人厌，以至于你很难表现出对他的喜爱。你感觉自己被困住了。

最近，杰基告诉我，每次她对自己那 4 岁的儿子迪克兰说"不行"时，他都会激烈反抗、大发脾气。每当杰基拒绝给迪克兰他想要的东西，如再吃一块饼干、再看一个电视节目、再讲一个睡前故事时，他都会陷入情绪崩溃的状态，大喊大叫、乱打乱踢。杰基用非常快的语速向我描述她与儿子之间的冲突，像是迫不及待地想要冲向某个终点。她说自己尝试过许多策略，其中很多策略都很合理，而且也是我通常给咨询者提出的建议。她的语气中难掩狂躁，当她终于说完时才停了下来，深吸了一口气。我注意到她手指紧握，面部紧绷。

"你感觉如何？"我问。

"什么意思？"杰基一脸茫然。

"你感觉如何？此时此刻，在把你和迪克兰之间的各种不快都吐露出来之后，你的感觉如何？"我斟酌着我的措辞，将她的注意力引向亲子之间的状态，而不仅仅局限于迪克兰的行为上。

杰基没有说话，她深吸了一口气，然后慢慢呼出："我想我现在很焦虑。"

她的感觉与我的推测相符，我说："是的。你刚才看起来的确很紧张，你和孩子的情感联结似乎被切断了。"

杰基几欲落泪。她告诉我，迪克兰的行为糟糕至极，以至于她无法像以前那样喜欢他，她无法理解他，她感觉自己更喜欢3岁的小儿子，这让她无比内疚。她可从来没想过会变成偏爱某个孩子的"那种母亲"——这触动了她童年时期手足争宠的"心结"！

当杰基最初滔滔不绝地诉苦时，我对改善迪克兰的行为毫无信心，而当此时取得一些突破性进展时，我的信心又恢复了。为什么？因为意识到上述这些感受的存在——真正地深深意识到它们，同时给随之而来的情绪容身之所——是极有必要的第一步。如果前来咨询的父母能够把心底隐秘的想法说出来，那么我就会乐观地认为一切都会好转，咨询能够取得进展。相反，如果我接触的父母坚持认为一切都好，但是他的语气和身体语言却传递出相反的信息，那么我很清楚将会前路漫漫。

对自己诚实

我举杰基的例子并非暗示所有就孩子的坏脾气前来咨询的家长与孩子的关系都到了这个地步，而只是想强调，如果你也陷入了这种局面，那么一定要对自己诚实，不要欺瞒自己。不妨问问自己如下问题，你可以边读边做笔记。

- 我的孩子有没有做过什么超级可爱又超级古怪的事情呢？

- 他最近一次引我发笑是什么时候呢？（这里的"笑"是指真诚的、发自肺腑的笑，而不是你为了逗他而假装出来的那种，比如"哈，你居然把鞋戴在头上而不是穿在脚上，太滑稽了！"）

- 我的孩子有什么特别之处吗？

- 我最近一次为自己是这么可爱的小宝贝的母亲 / 父亲而感到高兴是什么时候？是什么引起了我这种感觉呢？

- 我最近一次感受到与孩子之间的情感联结，我真正理解他的内心是什么时候呢？

现在请你思考一下，回答这些问题你有什么感受？你的回答是否自然流畅？你是否能说出很多内容呢？你的嘴角是否微微上扬？你是否感到内心涌过一丝温暖？如果的确如此，那么你和孩子之间的情感联结非常牢固。你是否感到回答起来有点困难，感到有压力，就好像答案有正确和错误之别呢？你是否觉得自己是在"出卖"孩子、"出卖"你们之间的亲子关系，以获取旁观者的评价呢？如果的确如此，那么你们之间的关系可能有些紧张，需要多加留意。

修复亲子关系至关重要

事情远没有这么简单，我不可能仅仅通过让你回答这些问题并反思回顾就能轻而易举地对你的亲子关系现状给出结论。我们与孩子之间的关系实际上更微妙、更复杂。尽管如此，真诚面对自己都至关重要——你需要对自己的经历坦诚相对。无论你和孩子目前的关系如何都没关系，如果亲子关系岌岌可危，那么世上所有的行为策略都无法化解孩子的坏脾气。

请将这一点牢记于心并重点关注。你与孩子的关系绝不会停滞不前，承认你们的关系紧张并不代表会永远如此。恰恰相反，大量研究证明，"割裂和修复"对亲子关系来说不仅是必要的，而且是很有益处的。亲子关系中情感联结断开，实属正常且不可避免。真正重要的是修复：情感联结断开之后能以多快的速度得以修复，让父母和孩子重新建立联结，重回正轨。

如果你的孩子坏脾气频发，那么这可能意味着你需要修补亲子关系。你和孩子情感并不同步，你们必须再次找到共鸣。如果你们的关系破裂了，而且你像杰基描述她与迪克兰最近的冲突时一样紧张不安，那么你的孩子肯定能感知到你的内心情绪。正如前文所述，儿童就像海绵一样能够敏锐地吸收和感知周围的情绪，尤其是父母的情绪。如果孩子感觉你们之间的情感联结断裂了，那么他会难以承受，会无休无止地发脾气。当孩子感知到亲子关系不正常或破裂时，那么世上所有的行为策略都无法化解他的坏脾气。你和孩子之间的关系是重要的基石，在我们引入新策略之前，首先需要确保它的牢固与平稳。

爱孩子本来的样子（即使他并不完美）：安全依恋

我们该怎么做呢？首先，我们必须明确，什么样的亲子关系健康良好、牢不可破。关于这一点，我可以写上整整一本书，错了，应该是整整十本书。能促进孩子健康成长的亲子关系通常具备"安全依恋"的特征，关于这一点我也可以写上十本书，但我不会写了，因为其他人已经写成了，而且其中的一些书质量颇高。研究表明，那些有着安全依恋的孩子的父母能够倾听孩子的心声，对孩子的需求做出恰当的回应。简而言之，孩子需要感受到父母理解他：父母能够"看见"他、接受他的本性、爱护他。那么，安全依恋有何表现呢？我举一个自己的例子吧。

最近，我倒车时不小心撞到了一辆停放着的车。当时正下着雨，我在一条死胡同里尝试转一个"K"形弯，但倒车时直直地撞上了一辆车的驾驶座侧门。我赶紧下车查看，发现在那辆车的车门上撞出了一个小小的凹痕。我快速拍下照片，并在被撞车辆的挡风玻璃上留下了写有我联系方式的便条，然后立刻打电话给丈夫，告诉他这个消息。他回答："嗯……"，那是一声发自肺腑的、拖着长调的喉音。我隔着电话都能想象出这个"嗯"脱口而出时他皱起眉头、僵在原地的样子。"嗯"甚至算不上一个词，但这简单的回应却让我感到了他的理解。

从这个词中，我听出丈夫不仅能理解车辆的剐蹭对所有人来说都是一件很扫兴的事，而且深知这种事情对我来说尤为沮丧：我开车经常出一些小事故，以至于我感到很羞愧，对自己驾驶能力感到严重怀疑。我极有可能在焦虑不安中度过这一天，满脑子都在想有朝一日我是否会卷入更严重的事故，没准那时我的孩子也会在车里……

我丈夫的一声"嗯……"，既是对我过往经历的理解，也是对我在那一刻亟须同情的理解。我的驾驶水平是我自己解不开的心结，丈夫知道这一点，对我表示出了理解：虽然我有时会剐蹭其他车，他还是一如既往地接受我。真正"理解"他人不仅仅关乎同理心，还需要了解对方的内心。其他因倒车而撞车的人可能会期待这样的宽慰："没事儿的"或者"一点小摩擦没什么要紧的"。还有些人可能会渴望更为具体的指示："等一下，我来给保险公司打个电话，看看是否会对保费有影响。"

回到养育当中，理解你的孩子意味着你知道他是谁：他的经历、性格、喜好、坏脾气导火索、令他快乐的事，并以能表达出完全的接受和无条件的爱的方式来养育这个小家伙。这是否意味着你需要了解孩子的一切？并非如此。是否意味着爱他的一切？当然也不是。是否意味着每时每刻都要融洽相处？谢天谢地，答案很明确，不是。但是，为了更有效地应对孩子的坏脾气，你需要全面理解你的孩子，对他知根知底并无条件地爱他。

为什么这一点很重要？因为如果学步期和学龄前儿童感到自己不被理解，那么他们会表现出来。他们会心烦意乱，感到被误解、被忽视，感到自己的本性不被接受。有时这些情绪甚至一拥而至，孩子无法将其用语言表达出来，导致坏脾气的爆发。

回想一下我的那场小车祸。一听到丈夫的"嗯……"，我觉得心跳缓和了不少，肩膀也稍稍放松，甚至流出了几滴释放情绪的眼泪。丈夫用冷静又不失关切的语气和我讨论损失的程度以及接下来该怎么做。如果他的回应没有充分传达出他对我的理解，那么接下来可能会是另一种局面，我可能会感到被批判或被误解了。我会心跳加速、浑身紧绷，我会在通话过程中变得暴躁不堪、咄咄逼人，甚至满口抱怨："难道你以前从来没有犯过错误，完美先生？"也许我会挂掉电话，让自己独自待一会儿。由于在那一刻我感到了他

> 如果幼儿感到自己不被理解，那么他会表现出来。

对我的理解，我们建立了情感联结，这让我冷静了下来，而且没过多久，我们就齐心协力共同解决了问题。

对孩子来说也是如此。

最近，我在工作中接触了一对父母，他们的女儿米娅每天早晨去学前班时都会大发脾气，这让他们忧心忡忡。这对父母是在 10 月中旬找我求助的，开学已经一个月了，孩子的脾气非但没有好转，反而日益加剧。每天早晨都由妈妈帕姆送米娅上学，帕姆说，米娅在进教室之前情绪都很稳定，但一进教室，她的嘴唇就开始颤抖，在接下来的几分钟里，她的情绪会逐渐崩溃。据老师说，这种状态会持续到妈妈离开教室 5 分钟才会好转。"开学时的状况非常糟糕，"帕姆对我说，"我们很揪心，我已经尝试了所有办法，但毫无效果。一想到她的坏脾气要爆发我就非常害怕，想尽快结束这场噩梦。说实话，现在我感到很恼火。"

我问帕姆到底用了哪些方法，只见她眼珠转了转，恼怒地叹了一口气："我对她说，她应该喜欢学校才对！我还说，我走后她会玩得很开心，因为每次都是这样。我还告诉她，不能每天早上都搞出这种闹剧，因为我必须去上班，而且我的工作对于养家很重要。我还说，小朋友们必须要去学前班，因为可以学习知识，变得更聪明。我甚至告诉她，如果她早上能够控制住不哭不闹，那么放学后就可以吃想吃的零食了。但这些话都没起到任何效果！"

帕姆夸张地耸耸肩，下巴绷得紧紧的，显得非常紧张。我从她的话语中听出了她极度的沮丧，以及她试图掩盖的焦虑。但是，我却没有听到她从米娅的角度考虑事情，也没有任何迹象表明帕姆能够在这艰难的时刻理解女儿。我说："我可以暂时先抛开这个话题谈谈别的吗？"得到了她的允许之后，我说："给我讲讲你第一次抱米娅的情景吧，也就是她刚出生的时候。"当我们开始谈及母女之间第一个温馨时刻以及后来其他类似情景的时候，帕姆的面部表情开始变得柔和，她高耸的肩膀明显地开始下移，下巴也放松了。当她完全放松之后，深吸了一口气。现在她进入了另外一种状态，于是我开始让她站在米娅的角度想问题。我让她闭上眼睛，再次想象送女儿上学的场景："你觉得米娅在你即将离开她的时候是什么感觉？"

通过我们的交谈，帕姆理解了米娅的真实感受，意识到米娅并不是一肚子坏水、一心想着如何惹恼妈妈、故意让妈妈上班迟到的坏家伙。实际上，她只是一个从来没有上过学，对学校充满恐惧的小女孩，她非常需要妈妈理解自己的感受。理解了女儿的处境之后，帕姆也终于明白，为什么迄今为止她的所有尝试——各种各样的解释以及奖励机制——都没有起到作用。这些策略都没有触及问题的关键：在离别之际，米娅需要和妈妈建立起深刻、真诚的情感联结。

有时候帕姆想与女儿建立联结，如临别之前拥抱或向女儿保证自己很快回来接她，但是她的肢体语言或语气却表现出了紧张，比如肩膀或下巴僵硬，语气中满是心不在焉、慌里慌张，甚至怒气冲冲。孩子不仅能够听到我们的话语，更能感受到话语背后的情绪。帕姆的做法无可挑剔，但是她的情绪却与行为极不相符，而且整个过程中她都焦躁不安。鉴于此，她带着这种情绪时无法有效安抚米娅就不足为奇了，实际上，这似乎还加重了女儿的消极情绪。

当帕姆抓住了问题的本质之后，我就无须再向她强调应该怎么和女儿交流了。还没等我给出什么建议，她已经像堤坝决口一样把内心的感受全吐露出来。"我必须让她感受到我理解她的心情，"帕姆说，"还要让她意识到，虽然我不在她身边，但我还是无时无刻不在关心她。我要让她知道，她的情绪是合情合理的，我完全理解，而且我自己去到一种新环境时也会有这样的情绪。我必须给她一个热烈无比的拥抱，不能敷衍了事。我还要让她意识到，我迫不及待地想在下班后见到她，而且在见到她之前我会一直想念她。"我不住地点头，对她的想法表示赞同。

一周以后，米娅与妈妈分别时再也不会哭闹发脾气了。

如果有人忽视了我们，没有听到我们的心声或不理解我们，我们能够感知到。这并不是因为我们聪明绝顶，或有过硬的认知技能，而是因为我们人类是社会性动物，会下意识地判断周围的人是否会有威胁，是否值得信赖，是否能够与我们建立情感联结。我们的孩子心里很清楚我们是否理解他。如果我们因为孩子而感到沮丧、烦恼、困惑、焦虑，那么孩子能够真真切切地感受到。即使我们用富有同理心或爱意满满的语言安慰孩子，我们的肢体语言或语气也会出卖我们。

在大多数情况下，我们的沮丧和不耐烦会稍纵即逝，而有时候，这些情绪却会因你那学步期和学龄前的孩子的某种举动而加剧，甚至导致你们之间情感联结的暂时割裂。当然，修复也会随之而来——通常是在无意识中发生的——最后你们会恢复到正常状态。

昨天晚饭时，我恨不得一把掐住亨利的脖子，说实话，我现在已经想不起原因了。我只记得他不小心碰到了一个装水的杯子，但令人惊讶的是，他居然在杯子落地前接住了。他抬头看

> 我们能够敏锐地感知到自己是否被看见，心声是否被听到、是否被理解。

着我，显然被自己的"超能力"所折服，我毫不犹豫地对他大加赞赏："干得好，小家伙！"就这样，我们又和好了。

情感联结的割裂与修复会在我们和孩子身上频频发生，甚至在一天内多次上演，研究证明这对于幼儿的健康成长至关重要。但如果父母的沮丧感久久不退，就会陷入恶性循环，届时，情感的修复无法弥补情感的割裂，最终导致孩子的坏脾气变本加厉。在这种情况下，我们不得不付出更多努力使亲子关系恢复到最初的良好状态。

重新与孩子建立联结的三个方法

在诚实而深刻的反思之后，你确信已与孩子建立了情感联结，真正理解他，而且他能够感受到你的理解，那么可喜可贺，你可以开启下一章的探索了。但一定谨记：亲子关系如潮水，潮起潮落，此时此刻稳定的关系并不意味着将来也会如此。我之所以强调这一点，是因为如果你因孩子的坏脾气而不知所措，或未来几年你在孩子身上看到了其他不良行为，那么你应该再次回到亲子关系这个起点。亲子关系是一切的基石。

如果在诚实而深刻的反思之后，你发现你和孩子并没有达到这种良好的状态，你们之间没能建立情感联结，而且你也没有真正理解你的孩子，那也没关系。因为反思的目的不是批判，无论你们的亲子关系是什么状态都没关系，只要你本人承认并接受这个状态，这种情形就是可以改善的。你可以采取一些积极的策略加深并巩固你和孩子的关系，就从今天开始吧。为了减少孩子坏脾气的频率和强度，你应该做出这样的努力，并且坚持下去。

在这里，我提供了三种方法来改善亲子关系。我也建议你通过寻求专业治疗师的指导来改善亲子关系，他们能够帮你明确亲子关系中的病根，并制定解决方案。

翻阅孩子小时候的照片。是不是听起来很俗气？确实有一点，不过这一招却很有效。可以是你把刚出生的孩子从医院抱回家的照片，也可以是狗狗第一次跑过来嗅他的照片，还可以是他第一次过生日时脸和双手都沾满了巧克力的照片。当然，还有视频，千万别漏掉视频！例如，当你的孩子开始咿呀学语时，你用视频记录下了你们之间的颇有深度的"对话"；再如，她第一次学走路的时候，你用视频记录下了她带着无比自豪的笑容蹒跚地走向镜头的画面；当然还有你女儿笑得合不拢嘴的那段视频。看到孩子的照片和视频时，你会情不自禁地发笑，心中升起一股暖意。找出你最爱的那些画面，花点时间观赏——用不了几个小时，但短短几秒钟显然也不够。找个舒适的地方坐下，拿出相册、手机、平板电脑等，让自己沉醉其中。

想象一下你和孩子迄今为止最开心的时刻，也可以把它写下来。你是否还记得他第一次冲你微笑的画面？喊你妈妈或爸爸的场景？说他爱你的场景？从婴儿床中对你伸出手时的场景？你第一次带他去游泳的场景？挠痒痒大战的场景？午睡后把头靠在你肩膀上的场景？发烧时趴在你腿上睡着了的场景？选择一段印象深刻的回忆，花些时间细细品味。通过想象或书写的方式回忆当时的场景，填入尽可能多的细节，细细品味。游泳的时候，你和孩子肌肤相触，那是一种什么感觉？孩子发烧时，你用掌心抚摸他被汗水浸湿的头发，那是一种什么感觉？当他第一次喊出"妈妈"的时候，他穿的是什么衣服？当你把头贴在他的肚子上挠他痒痒的时候，他身上是什么味道？

如果你在品味这些过往片段时，一些负面情绪也乘虚而入。例如，"呃，她当时的笑声让我很恼火"，那么先把它们搁置一旁，不要试图驱散它们。重新修复亲子情感联结唯一的方式便是真诚，真情实感才是取得进展的关键。例如，如果你把女儿第一次对你说"我爱你"的记忆片段仔细回放时突然这样想："她有一阵子没这么说过了，我不知道她现在是不是还会这么说。"那么让你自己沉浸在这个感受中，看看会发生什么。我们对自己、对孩子都必须投入全部的真情实感。

开启黄金亲子时间。研究表明，每天哪怕只花五到十分钟的时间与孩子共处也可以加固亲子关系，减少孩子的破坏性行为。事实证明，每天匀出一段时间与孩子共处比每隔几周来一次外出旅游或户外探险要有效得多。黄金亲子时间应该成为日常生活的一部分，而不应根据孩子的表现决定孩子是否享有。如此一来，你给孩子传递了这样一种信息：我无条件地接受你，而不是我只在你表现好的时候才愿意陪你。让你的孩子选择活动，如阅读、涂色、棋盘游戏、户外玩耍、搭积木，你也要全身心地投入。黄金时间的关键是与彼此共度美好时光，其间绝对不要批评或命令孩子。与孩子建立联结，哪怕玩到满地狼藉也无妨。

你才是最能给孩子安全感的人

很多父母告诉我，他们那学步期和学龄前的孩子在学校，在保姆、祖父母面前乖得像天使，我也一次又一次听到父母们的困惑："我实在搞不懂，只要我不在场，所有人都说他是最可爱的小天使，但我一出现，他就变成了小恶魔！"如果你正面临这种情况，你可能会觉得亲子关系出现了问题。毕竟，如果孩子最暴躁的坏脾气是冲着你来的，那么他和你之间的问题肯定最大，对吧？错。

实际上，还存在另一种更为常见的可能：你是最能给孩子安全感的人。他知道在你面前无须矜持，你会永远在他身边，无论他甩给你什么东西。他相信和你在一起时，你会给他那小小的脑瓜充分的自由，而无须刻意表演或完成额外的任务。这是你那学步期和学龄前的孩子有意识做出的选择吗？当然不是。这是孩子天生就懂的道理，随着孩子渐渐长大，他会更清楚在何种场合、对何人可以毫无顾虑地展现自己的各个方面，而不一定是最优秀的一面。如果我们能够感受到别人的关爱，并且意识到对方会始终如一地爱我们，那么我们会尽显自己的本色，甚至将内心不完美的一面也展示给对方。这才是安全依恋应有的样子。

我们需要一次又一次、不厌其烦地给学步期和学龄前的孩子传递这样的信息：我理解你。同时，我们还要传递另一个信息：我能接住你。我不仅能够看见你、爱护你，我还能够包容你、约束你。下一章的主题将从"我理解你"过渡到"我能接住你"，从爱过渡到规矩。

第 **7** 章
用合理的规矩和习惯让孩子感到安全

在给孩子立规矩之前，要先给孩子足够的爱，只有在与孩子建立了真挚的情感联结的前提下，为孩子设定的规矩才能达到最佳效果。规矩就像是一个"容器"，当孩子的情绪满溢时，规矩让孩子感到"被接住了"。孩子能明白眼下发生的事情，能预测将会发生的事情，坏情绪也就能很好地得到缓解。

"这里谁说了算？"

　　每当我们对孩子的坏脾气行为束手无策时，很容易将原因归结于自己太过仁慈、太过纵容。在这里，我们要消除一种误解，我在第 6 章末谈到要约束孩子，并不是指惩罚孩子，或者对孩子不理不睬，而是要帮助孩子在这个巨大的、看似混乱的世界中找准自己的位置，并且让他意识到你会始终陪伴他左右，使他不至于因为巨大的压力而失控。

　　在探讨给孩子立规矩之前，我们先探讨了要给孩子足够的爱。这是因为只有在与孩子建立了真挚的情感联结的前提下，你为孩子设定的规矩才能达到最佳效果，而只有当爱与规矩并驾齐驱的时候，孩子才会有最佳表现。虽然我希望你能谨记这一点，但是如果你确实只能顾及其中一个方面，那么我建议你优先加固还不够牢靠的亲子关系。你的终极目的是在与孩子保持联结的同时给孩子立规矩，在规矩的框架内（也可称为"容器"）给孩子无限的爱。

可预见性给孩子安全感

　　爱至关重要，因为只有当孩子意识到自己可以毫无顾忌地展现本性时，那些触发坏脾气的沮丧、焦虑或不安才会被大幅缓解。规矩也至关重要，因为它能给孩子带来强烈的安全感。

每当我给人们讲解这一点时，我常会使用一张图片，图中有一个小婴儿舒舒服服地坐着，小婴儿的四周画着一个淡蓝的矩形。矩形的边框上写着"规矩即边界，孩子只有在边界内才能感觉到安全和关爱。"因此，规矩的本质和出发点都不是惩罚。相反，立规矩的初衷在于给孩子划定一个安全空间，身处其中的孩子会对父母的期望有更清晰的认识，并能预见特定的规则和习惯。

基于此，我喜欢用"容器"一词来阐释规矩对孩子所起的作用。学步期和学龄前儿童那稚嫩的眼睛和快速发育的大脑为他呈现出一个刺激无比、欢乐无穷，有时也令他感到恐惧和压力巨大的世界，因此，孩子的情绪可能会"满溢"。但是，如果让孩子感到"被接住了"，他能明白眼下发生的事情，并且能预测将会发生的事情，那么，加剧其坏脾气的情绪就会很好地得到缓解。

成年人其实也是这样。想想上一次你手足无措的时候，那有可能是你新入职的第一天，或者你住进新房子的第一天，甚至有可能是你第一次走进一家新开的超市。上述情形会让我们感到些许不安，甚至让我们惊慌失措。为什么？部分原因是我们还不了解新习俗、新规范、事情的运作方式和发展方向。新工作的第一天，我们可能会有这样的疑惑：同事是否好打交道？电子邮件系统该如何操作？我是否能很好地完成工作任务？搬入新房子，我们可能会有这样的疑惑：餐具应该放在哪个抽屉里？为什么我找不到最喜欢的黑裤子？去洗手间要

规矩让孩子感到安全、安心和爱。

向右走还是向左走？走进一家新的超市，我们可能会有这样的疑惑：他们居然把香蕉放在这里，没搞错吧！为什么要把香蕉放在这里？海盗牌的点心又是在哪里呢？

感到手足无措时，我们会有些紧张，心率可能加快，血压可能升高。在努力理清头绪的时候，我们甚至会焦躁不安、神经紧绷。我们来做一个快速练习，假设你在机场，你要搭乘上午9：40起飞的飞机。机票和墙上的显示器上显示登机时间为上午9：10。假设你早上8：30来到登机口，手里拿着咖啡和松饼，时间还挺充裕。终于到了9：05，你心想，马上可以登机了，你耐心地等待。你抬头看看墙上的钟，又低头看看手机，然后又抬头看看钟。到了9：12，你仍未听到登机通知。于是你开始来回踱步，你又看了看自己的手表。现在是9：15，你走到柜台，向空乘人员询问登机情况。"应该很快了。"他微笑着回答。你不停地抬头看钟，低头看手机和手表。现在已经9：20了，飞机还有20分钟就要起飞了。你不耐烦地刷着电子邮件和社交网站，你又看了看手表，9：24。你再次走到柜台："有什么新消息吗？"空乘人员心不在焉地摇了摇头。现在马上到9：27了，你又开始不停地刷电子邮件和社交网站，终于到了9：30。

暂停一下。

你现在是什么感觉？惴惴不安，对吧？在这种情形中你的心率如何？心情怎样？还是让我来结束你的痛苦吧：终于，终于到了9：30，乘务员宣布即将开始登机，乘客们可以收拾行李了。才过了短短的20分钟！你等这个消息等了20分钟，你感觉航班会严重延误。如果此时有一位乘客不小心用拉杆箱撞到了你，你可能会产生徒手把他的头扯下来的冲动。当然，你会尽最大努力克制住自己，拼命朝他挤出一个微笑，仿佛在说："你看得出来，我非常恼火。"

我们将上面的场景与下述场景对比一下：这次你又来到了机场。和上次一样，你要搭乘上午 9 ：40 的航班，所以你还是应该在 9 ：10 登机。你还是早晨 8 ：30 来到登机口，手里拿着咖啡和松饼，时间还挺充裕。现在是 9 ：05，你心想，准备登机了。于是你耐心地等待着。9 ：10 的时候，乘务员宣布航班有短暂的延误，20 分钟之后大家才能登机。

暂停一下。

你感觉如何？会有些懊恼，这是很正常的，航班延误向来不是什么好事，但是你却没有暴跳如雷，对不对？你不会因此焦虑不堪。你会安稳地坐在座位上，读一篇文章，或者继续沉迷于手机上的某个社交软件。为什么？因为你对即将发生的事情有所了解，所以你能够预测接下来会发生什么，而且你确切地知道什么时候会发生。几分钟之后，你朝着队伍走去的时候被拖着拉杆箱的乘客一不小心撞了一下，此时你会给他一个真诚的微笑，并且对他说："没关系的。"

每当我把这两种不同的情形介绍给父母时，总能听到他们醍醐灌顶地说："啊！"他们意识到，与事先没有得到任何通知的情形相比，事先收到航班延误的通知能够对他们的心态与行为产生积极的影响。当然，也有一些家长，无论哪种情形都会让他们备感焦虑或紧张，通过深入分析，我发现他们的反应在本质上大同小异。

那么，这个例子与孩子有什么关系

如果孩子能够信任周围的环境——能够预测接下来的安排、能够理解事物的运作方式——那么他的坏脾气会大大减少。

呢？孩子的内心状态（坏脾气的触发因素）和外在行为（发脾气本身）很大程度上取决于孩子是否知道接下来的安排、是否理解事物的运作方式以及能否信任周围的环境。和上例机场中的成年人一样，你早已学会了如何控制自己的焦虑和紧张：来回踱步、查看时间、翻看手机都是你疏导焦虑、减缓恼怒的应对机制。年幼的孩子还没有发展出这些应对机制，所以在焦虑不安或心烦意乱时，他们会感到汹涌而来的巨大情绪。一旦被汹涌的情绪压倒，他们便会怒气冲天。

孩子的日常起居：是否已形成规律的作息习惯？

每次与父母探讨孩子的坏脾气时，我总会请他们为我描述一下他们那学步期和学龄前的孩子的日常起居，即孩子"一天的详细生活节奏"。我想知道孩子什么时候醒来，吃早餐的状态如何。我想知道孩子是否上了幼儿园或学前班，如果是，那么接送人是谁、什么时候接送。我想知道孩子吃晚饭是什么状态、睡前有什么仪式、每天是否洗澡、睡前父母为他读几本书。虽然我并不指望父母像军校管理员那样回答我："早晨七点整送孩子去幼儿园，夫人！"但是我确实希望看到可以让孩子依赖的、可预见的规律作息。如果家庭中没有这种作息习惯，那么这就可能是隐藏在孩子坏脾气背后的一个重要线索。

当可预测变成不可预测

无论是因为旅行、家里来了客人、搬了新家，还是因为家中添了小宝宝、换了个保姆或其他原因，如果已经习以为常的作息习惯被打破了，孩子的坏脾气通常都会加剧。针对这些情形，我的建议基本上都是一致的：先尽快恢复作息习惯，然后再观察孩子的脾气是否有所改善。通常情况下，家长这样做会使孩子坏脾气发生的频率和强度都降低。

不规律的作息导致情绪崩溃频频发生

在另外一种常见的情形中，坏脾气通常在一天中某个特定的时刻爆发，而且恰恰是那些不规律的时刻。最近，一对父母发现他们的两个孩子（2 岁和 4 岁）在早晨穿衣服离家的时候动不动就发脾气，这让他们满腹疑惑。相比之下，这些孩子在晚上却表现很好。起初我很诧异，因为一般来说，晚上的时间是最煎熬的，因为孩子们都很疲惫，情绪状态比较低落。通过与这对父母的一次简短交谈，我明白了其中的缘由。

在这个家庭里，晚上的作息就像时钟一样精准：爸妈都在家，他们的角色安排非常明确，就像是一场精心编排的舞蹈。而早晨就不一样了，有时候爸爸在家里帮着照顾孩子，有时候他很早就要去上班。有时妈妈陪孩子坐在一起吃早餐，有时她让孩子独自吃早餐、看电视，自己去洗澡，为一天的工作做准备。有时，父母允许 4 岁的孩子挑选自己的衣服，有时父母给她准备好了要穿的衣服。了解这些情况之后，我推测早晨混乱无序的状态和不可预知的感觉很有可能是触发孩子焦虑的原因。此外，家庭作息不规律导致了亲子间权力的较量，而这引发了孩子强烈的暴脾气。

针对这些情况，我们采用了几种策略——所有这些策略在本章末尾均有详述——以建立结构化的安排，让早晨时光变得更有规律。在这里，我想特别强调制订日程表这一策略，因为它能解决亲子间非常常见的、有可能导致冲突的误解。当我刚接触这个家庭时，爸爸告诉我，当 4 岁的女儿海莉听到要送她上学的是爸爸而不是妈妈时她大发脾气，这让爸爸很伤心。我先告诉他，坏脾气其实是儿童早期发育的正常表现，作为父母，我们不要把孩子的这些情绪表达视为是针对自己的。紧接着，我向他询问了更多信息。原来，爸爸很少送海莉上学——每周一次，偶尔两次——他想将其作为亲子特殊活动，视为与女儿共度美好时光的绝佳机会。然而，当海莉得知爸爸送她上学的时候，她嘴巴一瘪，往地上一坐，大发雷霆。

　　和往常一样，我从爱与规矩这个角度进行诊断，对这位父亲所描述的情形获得了更深入的理解。海莉和爸爸的关系有裂痕吗？通过观察我发现并没有。她是不是因为什么原因不愿意与他单独相处？也没有，因为她很喜欢在晚上与爸爸单独相处。由于在"爱"这个范畴中找不到理由，我开始将注意力转向"规矩"。如果问题的根源不是海莉和爸爸的关系，那么会不会是因为女儿无法预测早晨是谁送自己去学校呢？于是，我问海莉的爸爸，如果能让海莉提前知道具体哪几天是谁负责送她去学校，结果会怎样呢？如果海莉的父母提前一天告诉她，效果会不会好一些？或者，他们可以采用更好的做法——做一个计划表，显示未来一周之内谁将送她去学校。（因为海莉还不会阅读，所以最好使用图画表示）果不其然，海莉的父母采取了这种方法后，海莉提前知道是爸爸送她上学，不仅停止了哭闹，还满怀期待。没错，事实证明，她的反应并非因为讨厌爸爸，而是源于她内心想要知道每天早晨安排的需求。

突发事件可以培养孩子坚韧的品格

当然，这则故事还引发了另外一个问题：让孩子对任何事情都有掌控感是否会导致过犹不及？是否会矫枉过正？作为父母，我们的任务难道不应该竭力培养孩子的灵活性和适应能力吗？上述三个问题的答案都是肯定的。然而，这种过于简单的答案远远不够。学步期和学龄前儿童固执己见，这是他们发育阶段的正常表现，对此我们应予以理解和接受。而且，在必要的时候，我们可以用合情合理、善解人意的方式对孩子加以限制。

谁都不愿看到海莉对任何生活习惯的改变都无法忍受。事实上，对患有焦虑症儿童的循证治疗中就包括有意识地将其置于意外事件中，借此培养孩子的应对能力。与此同时，我们还要理解孩子的小脑瓜对外部世界的承受能力，并据此制订规矩，帮助孩子理解事物的运作规律。

我们如何才能知道孩子的承受极限呢？不幸的是，这个问题没有公式可循。我们要从孩子的个人实际出发，依靠直觉让孩子知道我们找到了合理的平衡。也许正当我们发现了新的平衡并陶醉于自己强大的本能时，情况却急转直下，我们不得不再次探索新的平衡。这也是育儿过程中的一个典型现象。

在这里有一个小技巧或许能发挥作用。有时候连海莉的父母事先都不确定第二天早晨会由谁来送女儿上学，所以有必要为这种不确定情形做好准备。他们会每周在日历上选一个日子，画一个问号，而不是贴上爸爸或妈妈的照片。这意味着只有当天早晨才会揭晓是谁送海莉上学。这招效果很好。这个问号不仅让海莉意识到未来的不可预测性，同时还没有什么公式能帮助我们判断我们能在多大程度上保护孩子免受未知事件的伤害。我们要依靠自己的直觉和对孩子的认识来判断。

把未知事件变成了一个小小的游戏。当曾经潜在触发焦虑的因素变成了游戏时，这成了应对挑战（即广义上的焦虑）极为有效的方式。当然，有时因为工作突发状况或临时出现的意外情况，某些早晨爸爸妈妈也可能突然让对方代班。海莉的父母会再次以游戏的方式应对这种突发状况："大家听我说，我们的计划有变，谁愿意接受挑战？"用这种方式，海莉的父母以积极的态度展示了乐观应对挑战的重要性。

与期望相关的规矩

需要指出，规律的日常作息和习惯仅仅是规矩的一种类型，其目的在于降低坏脾气的频率和强度。另外一种类型的规矩与期望有关，它针对的是家庭中特定的行为。换言之，父母和孩子在"什么可以做、什么不可做"上达成长期的共识。

我的一个前同事将自己家中的规矩分为可商量的规矩和雷打不动的规矩。我认为这种方式非常高明，它能让孩子清楚地意识到某些规矩较为灵活。孩子正处于追求自主性的发展阶段，他们的"分内工作"便是试探规矩，尽可能挑战限制因素，试探自己是否能够击败规矩，甚至推翻规矩。因此，父母的任务便是制订牢固和稳定的规矩来应对孩子的挑战，为孩子划定界限，使孩子在其中感到安全和爱，感到我们能够"接住他"。如果规矩在孩子的挑战之下不堪一击，那么就无法有效地为孩子创造安全的空间。

　　每当父母们向我谈及孩子的坏脾气时，我都会仔细聆听他们的表述中是否包含例如"他逼我……"或"她不让我……"之类的语句。比方说，"西蒙逼我陪着他，直到他睡着为止。""蕾拉不让我抱她的妹妹，除非我先去抱抱她。"为什么我会对这些话很敏感呢？因为在我看来这是角色的颠倒：父母把主动权交给了孩子，而不是自己掌控主动权。此外，这些话语通常反映了父母对孩子坏脾气的恐惧，正如很多父母所描述的那样：他们"如履薄冰"。毕竟学步期和学龄前儿童无法逼迫父母做任何事情。但是，如果孩子大发脾气，那么父母可能会不胜其烦，将其视为孩子对自己的胁迫，屈服于孩子的要求。

> 父母应该尽早明确哪些规矩是可商量的规矩，哪些规矩是雷打不动的规矩。

孩子需要规矩的约束

　　学步期和学龄前儿童其实希望你立规矩。真的。当他经历了歇斯底里的吼叫、哭闹和崩溃之后，他的内心其实希望（尽管可能是无意识的）你能约束他，让他知道你说了算。原因还是这一点：给孩子立规矩能够让孩子感受到安全和爱。举个例子，有一个 15 岁少年，他的父母从不在乎他晚上几点钟回家。一个周六的晚上，他和朋友参加完派对后，眼看着朋友们一个个离开。当朋友们离开时，少年会表现得像很得意："你们真扫兴，非得回家向爸妈报到！而我却可以在外面继续逍遥，不用面对父母的怒火。"但是，当所有的朋友都走后会怎样呢？这个孩子在心底里会希望自己也有来自父母的约束。为什么？因为晚归时间的约束意味着有人关心他。父母这么做既允许孩子外出探索、追逐自由，同时也施加了限制，能够让孩子感到安全和爱。

对于那些因为孩子明确抵制或频频反抗而打心底认为孩子不想要、不会感激规矩的父母，上述例子很有效。它让父母相信规矩的重要性，开始着手在家里为孩子定一些规矩，并观察是否会对孩子的坏脾气产生积极的影响。

在父母们实践之前，我会给他们再讲一个我最喜欢的例子，帮他们应对初次执行规矩时孩子的极端情绪。假设你那 12 岁的孩子回到家告诉你，她想学抽烟，让你去给她买一包烟。她的朋友们都开始抽烟了，她觉得抽烟很酷，所以她也要抽。你会做何反应？父母们在这一点上向来立场坚定，你会告诉女儿，绝对不允许抽烟。如果女儿对你大发脾气怎么办？她朝你大喊大叫，歇斯底里地咒骂你，冲进自己的房间，砰的一声关上门。你会给她买香烟吗？答案永远是否定的。不管这位 12 岁孩子多么沮丧，父母们都能坚持己见毫不动摇，因为他们知道吸烟有害健康，孩子的健康成长远比孩子的愤怒和沮丧更为重要，这也是为什么这个规矩永远不能被打破。

> 规则，或者说界限，能够让孩子知道我们关心他身处何地，在做些什么，做得怎么样。

讲到这里，我会发出警示音：嗒嗒嗒！同

样的原则也适用于学步期和学龄前儿童。你是父母，你说了算，你当然可以为孩子制定各种规矩。孩子的情绪反应虽然合情合理，但却不能作为衡量规矩是否重要、是否有用的标准。尽管缺乏规矩的限制和坏脾气之间的相关性不像吸烟和健康之间的相关性那样明确，也没有大量的文献来证明它，但它确确实实存在。

对消弱突现做好心理准备

在谈到如何在家中制订规矩、培养习惯的策略前，还有两个需要注意的地方。第一点可没那么有趣：如果你给孩子施加了限制，导致他的坏脾气在好转之前恶化了，那么不要大惊小怪。在行为心理学中，这种现象被称为消弱突现，意思是如果你的孩子之前已经习惯于通过发脾气来满足自己的心愿，"逼迫"你做某事，那么当你不再对他言听计从时，他会以为发更大的脾气能实现目的。因此孩子的坏脾气会持续更长时间、更加激烈、让你更痛苦，直到他意识到自己的尝试根本起不到任何作用，孩子才会消停。成败的关键就在于你要坚持到孩子消停的时候。你只需记住：只要你能做到在任何情况下都不屈从于为孩子买烟的要求，那么孩子迟早会停止对你的咒骂。通常情况下，过一段时间之后，你的孩子会真正接受这个事实：家里有了一位"新老板"，而孩子其实早就期盼着他的到来了。

规矩并非一定不能被打破，
但要谨慎行事

第二点则有趣得多了。你制订的规矩在某些情况下是可以被打破的。幼儿需要明确意识到，我们是能够"接住他的"，当他的行为或情绪反应过激或失控时，会有一个坚不可摧的"容器"来包住他。等他知道了这一点并在某种程度上将其内化于心以后（这是长期坚持的必然结果），你便可以向他揭示，规矩有时候是灵活的。比如我允许孩子们在生日当天的早餐想吃什么就吃什么，包括饼干或冰激凌！通常，他们只会在接下来的两三天早晨还继续向我索要这些不健康的食物，然后就会意识到一切已经回归正常。我不得不承认，孩子们嘴上涂满巧克力时开心无比的笑容让我觉得这个一年一度的打破规矩日非常有必要。

制订规矩、培养习惯的策略

关于如何在家中执行规矩，我给出了以下一些建议。值得注意的是，针对不同年龄的孩子应该采用不同的方法。你的孩子是2岁，还是3岁或4岁？当你将以下建议付诸实践时，一定要考虑到孩子的语言能力和认知水平。

在家中制订一个日程表，并把它挂在孩子能看到的地方。 2~4岁的孩子大都不识字，你可以使用图片来制作。既可以用孩子的照片，也可以使用从杂志上剪下的照片，或是从网上找到的卡通图片。2~4岁孩子的饮食和睡眠很重要，因此要确保他按时吃饭、按时加餐，确保他的睡眠时长符合其所处的发育阶段。日程表只需列出家中事项的一般顺序（而非精准的时间），例如，晚餐、洗澡、穿睡衣、刷牙、听故事、听歌曲、睡觉。这种方式能够让孩子看到自己的日常安排，并将内化于心。

通常，当我给父母们提出这个建议时，他们总是信誓旦旦地说："孩子知道家里的日程安排。哦，泽维尔很清楚早晨的作息，每天早晨都是一样的。这不是问题的根源。"然而，当我问他们，每天早晨需要催促多少次让孩子去刷牙时，没人给出"不用催"的答案，甚至连"一两次"的答案都没有。绝大多数父母的回答都在 4~8 次之间，有时甚至是两位数！

在墙上挂一个作息表的意义并不只是让孩子知道下一步该做什么，也不在于提醒你唠叨孩子。你的提醒会导致你俩之间的较劲，提醒越少，唠叨也就越少（你那善意的提醒正是以唠叨的形式传达给孩子的）。你可以一边用手指着日程表，一边用缓慢的语调对孩子说话，将其变成一个游戏："嗯，接下来我们该做什么呢？我记不起来了，你能去查看一下我们的日程表吗？"这种方式可以很有效地缓解亲子间的紧张关系，让你那学步期和学龄前的孩子发挥更多的自主性。

对孩子提出期望，两三条即可。 比起规矩，我更喜欢用期望这个词。在养育的过程中，父母会营造蕴含着对某些行为有特定期待的家庭氛围，但这些期待不会日复一日毫无例外地完美实现。我发现，父母往往会无意识中因为孩子违反了规矩而沮丧不已，把孩子的行为解读为故意而为之，而实际上孩子根本不是故意的。

对孩子提出的期望既要考虑到你的需求，也要考虑到孩子的实际情况，在这方面做到深思熟虑、有的放矢非常重要。你可以和伴侣一起讨论，哪些具体的期望对你们来说很重要，你们认为哪些行为是必须做到的，又有哪些行为是你们没那么介意的。多数情况下，很多父母都一致认为"不许打人"是合理的期望，但对于是不是应该"禁止孩子站在沙发上"，父母们则意见不一。只要你对孩子的成长阶段特征有清醒的认识，而且能够意识到你提出的期望确实与自己的"心结"无关，那么这就没有对错之分。

你也可以与孩子的幼儿园进行沟通，了解老师对孩子的期望以及老师与孩子的沟通方式。如果孩子的世界是可预测的，那么他发脾气的频率和强度都会降低。你对孩子的期望和指令应该具体而明确，不要太抽象，例如，尽量说"使用礼貌用语"，而不要说"你要尊重人"。注意用积极的措辞表达你的期望。在这里我还要再强调一句，"不准发脾气"绝不能作为一种期望，因为发脾气是孩子成长过程中正常合理的表现。禁止孩子发脾气就等于禁止孩子拥有和表达自己的感受！我也建议你把你的期望写出来，或者用图片表示出来，并把它们挂在家里不同的位置。这既能起到提示的作用，又能向孩子表明它们的重要性。

提出期望、把期望写下来、张贴在墙上的过程很重要，你可以让孩子参与其中。如果你的孩子已经足够懂事，那么可以让他提出期望的内容，或者让他用贴纸进行装饰，抑或让他帮忙决定张贴的位置。这个过程完美地将爱和规矩合二为一，由此向孩子，也向你自己展示，爱和规矩可以同时存在，甚至可以完美融合。

召开家庭会议。家庭会议什么时候开都不晚。即使你的孩子只有 2 岁，引入这种模式也是一个不错的选择。不要因为家中出了状况才召开，因为这时家庭会议就变成了批斗会。当家庭会议成为常规活动时，它将变得其乐融融，家庭成员的情感联结也会变深。每周一次或两周一次的家庭会议能使家庭成员就家中顺利的方面和需要改善的方面进行讨论，增强家庭成员的凝聚力，使家庭氛围更和谐。

你可以就如何让孩子更平静地度过早晨从起床到离家这段时间提出自己的期望，然后和家人一起讨论如何实现，每个人都有发言权。你的 4 岁孩子可能会说，她希望厨房里能摆放更多粉红色物品，你们可以一起讨论在什么位置挂一朵粉色的花来实现她的愿望。你们也可以查看下周的日程表，看看有哪些待做的重要事项，等等。你可以以家庭中各个成员值得嘉奖的地方作为开场白。有的家庭成员可以负责做笔记，因为即使是不识字的小孩也知道，这样做更"正式"，更具仪式感。会议期间可以提供一些爆米花等零食。最后，可以以所有家庭成员的欢呼作为结束。家庭会议使一家人借机反思自省、制定规则、通力合作，其过程的重要性绝不亚于其内容。你可以对会议过程做一些结构化、仪式化的安排，并辅以种种积极的措施促进家庭成员的交流，这对孩子今后的成长大有裨益。

语气要坚定，但不要大喊大叫、厉声斥责。给孩子制订规矩时，要尽量做到清晰明确、平心静气、保持联结。这三点非常重要，下面我们将分点阐述。

● **清晰明确：**学步期和学龄前儿童对于清晰明确的规矩更加敏感。对此，我向父母们提出一个说话的诀窍：言简意赅，不要说太多。言简意赅与清晰明确并不完全是同义词。幼儿的接受性语言技能正处于发展阶段，虽然他在心平气和的时候能听懂很多话，但当情绪激动时，能听懂的话就变少了。我经常看到父母在给孩子制订规矩时高谈阔论，喋喋不休。这种做法的出发点是好的，但是却会让小孩子陷入困惑，因为孩子只希望约束自己的信息清晰明确，言简意赅。你可以用尽可能少的语言表达你的规矩，然后及时停止。一些在大人看来很直接的短语（如"走吧""小声说话""轻点儿""下来"等）颇为有效，还能起到抚慰幼儿的作用。在发出指令时要使用文明用语，然后在其他时间针对某个特定规则（例如有关安全的规则）解释原因。总而言之，当你对孩子设定规则时，最有效的方式是清晰明确——言简意赅、直截了当。

平心静气： 以轻松自信的态度对孩子设置限制是最为有效的方式，这意味着：你掌控局面，你能"接住孩子"。冲孩子大喊大叫起不到效果，如果你的肢体语言传达出焦虑或压力，哪怕你故作冷静，效果也会适得其反，孩子能感知到你真正的情绪。你要做到真正的心平气和，除非你面对的是迫在眉睫、极度危险的情形（例如孩子的手离火炉近在咫尺，而且还在快速接近），否则你总有充裕的时间深呼吸，恢复冷静和理智。

保持联结： 父母在设置限制时最常犯的一个错误是站在了孩子的对立面，而不是与孩子站在同一个阵营。父母的"你看到了吧？这就是……的后果""没错，这就是你的下场""没搞错吧，你居然想这么做！"等话语对孩子传达出敌意，让孩子认为你是在测试和批判他，而非保护和支持他。如果父母无意中认为孩子的某些行为是冲着自己来的，他们往往会做出这样的反应。假设你的孩子在床上又蹦又跳，你担心他会摔下来伤到自己。你反复警告："你会伤到你自己的""你这可是自找的"。这类警告不仅起不到什么作用，反而很有可能激起孩子一心想证明你错了的决心，进一步增加了他摔倒的可能性。其实我们成年人也是一样的，我们只会服从那些支持我们的人，他们知道我们已经尽了自己最大的努力，我们会像信任自己一样信任他们。那么，你应该怎么说呢？"坐下来，我知道你能做到。"这种表达清晰明确、平心静气，而且又保持了联结。当然，我们还可以采取许多更富创造性的策略，这正是下一章的重点。

第 **8** 章
预防和缓解坏脾气的实用策略

对孩子的坏脾气进行干预的时机包括一天中的任意时刻、坏脾气爆发之前、坏脾气爆发时、坏脾气过后。如果我们能把将坏脾气扼杀在萌芽期的技巧持续付诸实践，那么久而久之，孩子的坏脾气就会减少。

"我现在到底应该怎样做呢？"

截至目前，我们所讨论的所有内容都为预防和缓解孩子的坏脾气打下了重要基础，读完第 1 章至第 7 章之后，也许你自己也已经想出了一些实用策略。深入了解儿童的成长规律、处理好自己的问题、识别重要的环境问题——这些做法能够帮助你处理好孩子潜在的情绪崩溃，缓解正在上演的坏脾气。但是，正如我一再强调的，孩子的坏脾气总是会爆发的，这意味着你要调动所掌握的所有技巧和策略。接下来，我将告诉你一些"必做事项"，强烈建议你将它们收入你的锦囊袋。

一般情况下，在四个时间点对孩子的坏脾气进行干预最有效，因此，本章将根据"坏脾气时间轴"分为四小节进行阐述。

1. 一天中的任意时刻。

2. 坏脾气爆发之前。

3. 坏脾气爆发时。

4. 坏脾气过后。

当然，这些时间节点并不一定独立存在，也不一定相互排斥，将它们列出来能够帮助你思考并做出整体计划——如何有效阻止坏脾气、如何预见坏脾气的爆发、如何安抚孩子、如何化解正在上演的坏脾气，以及一些有助于减少孩子将来坏脾气爆发的"善后"措施。现实生活中，这些时间点将会重叠，你也可以将几种策略结合起来使用。如果我们能把将坏脾气扼杀在萌芽期的技巧持续付诸实践，那么久而久之，孩子的坏脾气也会减少。

日常可使用的基本策略

如果你已经读完了前七章，那么你可以说，你已经掌握了预防坏脾气的基础知识。如果你尚未完整地读完前七章，那么你可以根据下文中的一些提示逐一翻回到前面章节所对应的内容，寻求更多信息。同时，这里也提供了一些重要的纲领性策略，作为你实施某些具体策略的支撑。

记住，你才是掌舵者

这一点你已然知晓。你才是家长。虽然作为一个肩负重任、琐事缠身的成年人，你最不想听到的一句话是"你应该做某事"。但如果你已经到了人生的这个阶段，那么有些事情你还是必须要做，无论情形是好是坏。

一定要发挥你的创造力

结束了漫长、劳累的一天，你可能觉得自己已经精疲力竭了。从托儿所回家的路上，你匆匆忙忙去了超市，你觉得这时的自己注意力涣散，根本无法有效发挥想象力。但正是这种时候你要发挥创造力，为孩子即将爆发的坏脾气找到正确的平息策略。本章按照"坏脾气时间轴"行文，告诉你针对具体时间点选用什么具体策略。你也要勇于尝试新方法、运用新策略、制造转折、不断创新。当你那学步期的孩子临近坏脾气爆发点时，你可以充分发挥"惊喜"策略的作用。某天晚上，我写了一首《耐心之歌》，写完这首歌，我的创意灵感已经永久性地枯竭了。

> 耐心难，
>
> 耐心难，
>
> 难于上青天！
>
> 难于上青天！
>
> 奈何它很重要，
>
> 奈何它很重要。
>
> 故要竭尽全力。
>
> 故要尽我所能。

现在，每当孩子失去耐心时，我都会看着他们的眼睛唱起这首歌。不出意外，他们会跟我一起合唱，耐心等待直到我满足他们的需求。

一定要心甘情愿地展示自己傻乎乎的样子

学步期的孩子特别喜欢看别人傻乎乎的样子，尤其是平时一本正经的妈妈或沉默寡言的爸爸突然冒傻气的样子，你可以充分发挥惊喜策略的作用。你会不会因为过于在乎自己的形象而不大愿意在百货商店突然放开嗓门大唱跑调的歌？你是不是感觉不好意思挑战 3 岁的孩子，和他一起从游乐场蹦出去？你可能不太愿意在公共场合展示自己不甚娴熟的能力，但从锦囊袋里挑出好的策略就像学习一门新乐器或新语言。相信我，一定要敢于尝试新策略，哪怕你认为它会让你显得有点傻。我敢打赌，这种冒险非常值得。

一定要对自身状态有清醒的认识

当你那 2 岁的孩子再次情绪崩溃时，你也会感到懊恼、疲惫和绝望。重要的是，当察觉孩子的坏脾气即将爆发时，你要对自己的感受有清醒的认识（无论是情绪上的、精神上的还是身体上的感受），因为你的消极情绪将使事态恶化。

你要对自己的压力源有清醒的认识。例如，在超市里采购的你行色匆匆、疲惫不堪，因为工作太忙，你去幼儿园接孩子前根本来不及吃饭，饥肠辘辘，你还因为在担心家人而心不在焉、焦灼不已。学步期的孩子对家长的压力有着极为敏锐的感知，你的紧张会让孩子暂时失去控制情绪的能力。我并不是建议你必须每时每刻都保持冷静和乐观，这也与我前几章所提倡的保持真诚相矛盾。你只需对自己的情绪状态有清醒的意识，就可以针对孩子那即将爆发的坏脾气做好充分准备并采取恰当的措施。

这三种策略（当然还有其他策略）是基于对你与孩子共跳"坏脾气之舞"时你所扮演的角色的理解，坏脾气之舞的相关内容详见第 5 章。如果你还没有读过第 5 章，那就考虑读一下吧。尤其是当你开始好奇，一个 2 岁半的孩子为什么能够反复击溃一个成年人的时候。

了解你的孩子

我在第 2 章中提到，我见过这样一些家长，他们不止一次问我，自己那个头不到 1 米的孩子是不是患有精神病。如果你经常有被自己那 3 岁半的孩子打败的感觉，那么你可能也会产生同样的怀疑。不，你的小家伙并没有精神疾病。他只是一个小孩子而已。了解孩子在其所处发育阶段的局限性并做出相应的回应很重要。以下是一些关键策略。

站在孩子的角度看世界

最近，我为一个有俩孩子——2 岁半的麦迪和 4 岁的艾丹——的家庭做咨询。在这次咨询中，我决定选一个"典型"时段对这个家庭进行观察，我选的是晚餐后到孩子们去洗澡的时段。孩子们一进浴缸，保姆就接手了。于是我和他们的父母迈克和谢莉碰头，准备向他们提供反馈意见。谢莉建议我们在书房进行讨论，书房在走廊的一端，另一端是浴室和孩子的卧室。当我们准备开始时，麦迪和艾丹刚洗完澡，准备回到卧室睡觉。

我们刚谈几分钟，就听见有人敲门。"你们在干什么？"麦迪天真地问。迈克回答说："我们在开大人开的会，很快就结束。"这样的回应表面上看起来无伤大雅，但会导致一些问题，原因有二。第一，2 岁的孩子讨厌被别人提醒他还太小，他不明白为什么某些地方别人可以出入而自己却不可以，他感到愤愤不平。第二，会议"很快就结束"的说法显然有误，因为我们才刚刚开始。"别再给大人开会了"，麦迪厉声要求道，"我不喜欢那样！"很快，艾丹也出现在妹妹的身后："妈妈，我能喝牛奶吗？"谢莉大声叹了一口气："艾丹，爸爸妈妈现在很忙。"几分钟后，两个孩子开始大发脾气，很快，迈克和谢莉的情绪也开始崩溃，我们不得已把谈话推迟一周。

在随后的咨询中，谢莉问我的第一个问题就是，当女儿麦迪"专横跋扈"时（例如强烈要求父母结束会议），她该如何回应。在他们的眼中，麦迪变得专横就是她坏脾气的表现。我在本章后文中列举了一些可供迈克和谢莉有效预防麦迪爆发坏脾气的策略，但是我想先谈一谈坏脾气爆发之前的相关因素，因为预防和应对孩子的坏脾气也与先前事件相关。

我问："你们家有三层，在那么多房间中，为什么要选择书房（距离浴室和孩子的卧室最近的一个房间）作为谈话的地点呢？"迈克首先回答说："因为书房应该是我们进行这种对话最舒服的一个房间了。"谢莉接着说："我们当时已经在那个房间里了，没必要再下楼去其他房间。"我接着问："那么你们认为，如果我们选择在餐厅或地下室见面，会发生什么呢？"

我提出这些问题的目的是提醒他们，即使像选哪个房间这种细节问题，如果站在孩子的立场而非自己的立场考虑，那么他们极有可能避免混乱局面的发生。这自然引出了下一个关键策略。

未雨绸缪

如果迈克和谢莉能够事先想到谈话地点可能对孩子产生的影响，那么事态可能会朝好的方向发展。有时，当我建议家长站在孩子的角度考虑问题并据此对事态进行预测时，家长往往困惑不已。毕竟，哪个家长不是每时每刻从孩子的感受和需求出发考虑问题呢？然而，预防孩子坏脾气的关键在于，不仅要考虑到孩子的需求，更重要的是应该通过孩子的视角看世界。这种跨视角能力，或称反思能力——同时考虑自己和他人心理状态的能力——是你锦囊袋里最强大的工具。

几周前，当亨利在上幼儿园时，我给他买了一些芒果干当作小零食。回家后我随手把袋子放到了厨房操作台上。几个小时后，亨利来到厨房吃晚饭，他的眼睛像探照灯一样聚焦在芒果干上。"我想吃芒果干！"他喊道。就在此时，我预感亨利的坏脾气马上就要爆发了。

在此我想说明，亨利即将爆发的情绪崩溃完全是由我引起的，我应该负全部责任。我应该事先想到，厨房台面正好跟亨利的眼睛平齐，我应该把芒果干和其他零食一起藏在食品柜中。这样，亨利就不会在晚饭前看到芒果干，提出要吃的要求，不会遭到拒绝，最后当然也不会脾气失控。这就像多米诺骨牌，家长应该把第一张骨牌放在不会击倒其他骨牌的安全地方。像这样不会连环倒下的多米诺是最无聊乏味的了，但是如果遇上孩子的坏脾气，你会希望它绝对不要倒下。

我曾见过这样一个客户，她抱怨道，虽然她屡次告诫儿子不要用记号笔乱画，但儿子总是不听。"你看你画得满屋子都是！"她厉声斥责儿子，我却发现她把记号笔放在墙边一个架子上，儿子可以随手拿到。于是我建议她换个地方放笔，结果取得了很好的效果。从孩子的角度考虑问题，意味着你要对他的生活环境了如指掌，知道他一天中最闹腾的时刻，知道他喜欢的东西、讨厌的东西……

最近，一位父亲对我说："但我不可能每次都未雨绸缪！""这样做太费神了！"没错，这的确费神，但仅限于初期，就跟从未做过仰卧起坐的人刚开始做时的感觉一

> 把第一张骨牌放在不会击倒其他骨牌的地方，家长就可以防止引发孩子坏脾气的多米诺效应。

样。如果勤加练习，假以时日，你就会熟能生巧。的确，你不可能每次都未雨绸缪——我们不应该设置不可能达到的养育标准，不能要求家长完美无缺——但是，你可以循序渐进，渐入佳境。

帮孩子从小学会表达情绪

当学步期的孩子因为无法控制负面情绪而勃然大怒时，他们通常自己也不知道经历的是哪种情绪。学习各种情绪的名称并且学会用语言表达情绪的状态，可以减少孩子坏脾气发生的频率，促进社交技能的发展。你可以将情绪表达融入你和孩子的日常交流中。有许多儿童绘本都是专门围绕这个主旨来写的，其中不乏妙趣横生的书，你可选来与孩子一起阅读。

榜样的力量

当齐克还是个婴儿的时候，我有时会帮他挖鼻孔。几个月前，齐克突然大哭，我赶忙转身，只见亨利正在挖齐克的鼻孔——手指捅到了底。虽然我给齐克挖鼻孔的目的从来不是向亨利示范，但亨利看在眼里，记在心上，还实践了一番。这件事对我教训颇深。

做事一定要三思而后行，因为你的孩子会模仿你

你的一举一动都逃不过学步期和学龄前儿童的眼睛。他们会模仿你打电话、去超市，并学你说"两分钟后就来"。有时，我们很不情愿见证这一幕：我们不经意间说了一句脏话，以为孩子没听到，不料他却鹦鹉学舌起来；孩子画了一杯红酒，并将画取名为"妈妈的最爱"。无论你情

愿与否，孩子们无时无刻不在模仿家长。

问题是，作为家长和成年人，我们非常擅长说一套做一套。2016~2017年，我担任了一家非营利组织的幼儿项目总监，项目中的一个练习证实了上述现象。在一次练习中，引导师这样解释规则：她会说"一、二、三，开始"，而受试者——通常是一群与儿童打交道且具备了相应能力的成年人——会在听到"开始"这个词时鼓掌。引导师一遍遍重复规则并检查受试者是否理解，直到所有人都领会。然后，引导师说："一、二、三，开始"。但是，引导师本人没有等到"开始"说出来，而是在说出"三"时便鼓了掌。此时此刻，绝大多数的参与者（这些人此时都盯着引导师）也在听到"三"时便开始鼓掌，只有少数人遵守了规则——等听到"开始"再鼓掌。为什么会这样？因为比起遵从他人的话去做，人们更倾向于模仿他人的行为。

有效地进行情绪管理

我们处理情绪的方式会被孩子模仿，尤其是发脾气的时候。不妨问问自己：我生气或沮丧时是什么模样？你的电脑死机或在高速公路上被超车时，你是否会破口大骂？当你感到失望或沮丧时，你是否会狠狠地摔卧室的门？当你有了孩子，你的言行举止将不再只与你有关。你的孩子如何处理情绪，在很大程度上取决于他眼中的你是如何处理自己情绪的。如果你像第4章中描述的那位父亲一样在沮丧时做三次深呼吸，并且大声说出自己的做法，那么你的孩子很有可能也会学着这样做。如果你在生气的时候要求自己冷静下来："啊！此时此刻我恨不得把桌子砸碎，我应该好好冷静一下"。那么你的孩子也会模仿这个技巧。

有一次，我在一个前来咨询的家庭里进行观察，他们 4 岁的儿子哈兰经常在幼儿园大发脾气。因为"搞砸"了自己的画，他气得把一盒蜡笔扔掉。由于学不会跟着歌曲做拍手动作，他还踢了同学一脚。当哈兰的父亲下班回家时，我正在他们家。不一会儿，楼上卧室里传来一阵歇斯底里的吼叫。哈兰的妈妈朝楼上喊道："怎么了？亲爱的！"哈兰的爸爸大喊："我把衬衫落在地铁上了。我真不敢相信，我真是个白痴！"哈兰的爸爸中午给自己买了一件新衬衫，出地铁时忘记把衣服拿上。这位父亲的自我苛责并没有就此结束，在接下来的 20 分钟里，他一边摇头，一边大声训斥自己。

在继续分析之前，我先简单说明一下。首先，无论从哪个标准来看，这个家庭都相当富裕。丢一件新衬衫确实令人沮丧，但不会给这个家庭带来财务危机。其次，哈兰的坏脾气是由多种因素引发的，这些因素的作用机制不尽相同，但父亲无法有效控制自己的沮丧感可能也是导致哈兰在幼儿园做出不良行为的原因之一。事实上，虽然哈兰的爸爸希望孩子终止这样的行为，但是他恰恰给孩子做出了这样的示范。

在后续的咨询中，哈兰的爸爸意识到，只有他纠正了自己的行为才有可能减少哈兰在幼儿园发脾气的次数。几个月之后，哈兰的爸爸注意到挡风玻璃上有一张车检过期的罚单。他告诉我："当时我唯一想做的就是用头狠狠地撞方向盘，我真不敢相信我竟然忘记去做年检！"但是他并没有这样做。"我又想起哈兰还坐在后座中，他在盯着我。于是我转过身告诉他，我对自己犯的一个错误感到很沮丧，因此，我需要

> 如何调节自己的情绪是我们给学步期或学龄前的孩子做出的最重要的示范。

165

做三次深呼吸，然后才能继续开车回家。哈兰帮我数数，我像闻鲜花一样吸气、像吹蜡烛一样吐气（你也可以用这种颇为有效的方法教孩子深呼吸：像闻鲜花一样吸气、像吹生日蜡烛一样吐气）。当时的场景真的很有趣！"在这个案例中，哈兰的父亲努力纠正了自己的行为，这不仅缓解了孩子的坏脾气，而且还进一步强化了父子的情感联结。记住，坚固的情感联结是一切的根基。

不要羞于对孩子道歉

有一个对孩子起示范作用的行为是道歉。当家长情绪失控时，他们往往不愿向孩子道歉。一些家长觉得不必为自己的行为道歉，因为如果这样做就等于把权威交到了孩子手中。另一些家长认为，道歉会让他们试图遮掩的事情引起过多的关注。人非圣贤，孰能无过，家长与学步期和学龄前儿童一样都会犯错。当犯了错时，道歉合情合理，也是友善和体贴的表现。如果你希望教会孩子为自己的坏脾气行为道歉，那么当你脾气失控时，对孩子道歉远比告诉孩子"说对不起"要有效得多。

一年前，我刚要把好不容易才入睡的齐克放进婴儿床的时候，亨利兴高采烈地走进齐克的房间，扯着嗓子大声唱歌。我厉声呵斥他："我不希望你在这里！"我仍然记得自己朝着他发出了嘘声，并向他射出凶狠的眼神："你现在给我出去！"亨利离开了房间，躺在走廊上泪流满面。等齐克终于安睡了，我走向亨利。他已经停止了哭泣，但看上去很沮丧。他抬头望着我："妈妈不想让我去齐克的房间？""没错"，我回答，"现在是齐克该睡觉的时间，我担心你扯着嗓子唱歌会把他吵醒。""哦（长时间的沉默），那妈妈要我走开吗？"我打心底想回答：不，当然不是！我

永远不想让你走开。我是如此爱你！我们去玩个有
趣的游戏吧，这样就会忘记刚才发生的一切。但是
我没有这样说。我知道我确实发了脾气，我应该承
认这一点并为此道歉。为什么呢？因为我强烈地感
觉到，随着年龄的增长，亨利也应该学会为自己的
不当行为道歉。"那一瞬间，我确实想让你走开。"
我解释道，"因为当时我特别生气，担心你会吵醒

> 当你脾气失控
> 的时候，对孩
> 子说声对不起，
> 向孩子展示致
> 歉的力量。

你弟弟。对不起，我的语气太粗鲁。"亨利点了点头。"我需要你在齐克睡
觉的时候保持安静，"我继续说，"同时我也为自己的坏脾气道歉。"这句
话虽然难以启齿，但却是实实在在的心里话。

　　亲子之间的情感联结断开之后，道歉是一种有效的修复方式。"情感
联结断开"这个概念在第 6 章介绍过，本书后面也会继续用到。

给孩子示范你希望他学会的某种具体行为

　　示范的要义就是该做的做、该说的说。家长要尽量示范自己希望孩
子学会的行为。即使你能熟练运用其他策略，但如果你自己（包括你的
另一半或经常陪伴孩子的其他看护人）无法有效处理强烈的负面情绪，那
么你也就无法有效地处理孩子的坏脾气。

　　如果你想全面认识自己某种情绪的根源，那么你可以回顾第 4 章。

巧用策略性关注

　　我曾与无数家庭探讨过策略性关注这个概念，但几乎每次我都听到
类似回应："关注？没搞错吧！我们已经给孩子足够的关注，多到超乎你

的想象。相信我，问题的关键不在关注。"所以，我有必要强调"策略性"这个词。策略性关注是将关注作为一个工具，巧妙加以运用，理解它蕴含的力量并充分发挥它的价值。它不等于简单地给予学步期和学龄前儿童更多的关怀，而是要本着缓解孩子的坏脾气、改善其言行举止的目的给予关注。

我们都是人，所以我们会有意无意地期待得到奖励。当我们因某种行为获得奖励时，就会一遍遍重复这种行为。奖励会进一步强化行为。昨天，我去一家小店吃午饭，付款时，收银员把我的手往后推了推。"我请客"，他笑着说，"谢谢你今天这么开心、这么有活力。"下次我肯定会再来这个地方吃午饭，而且会尽最大努力把自己最开心、最有活力的一面展示出来。

用你的关注鼓励孩子做出良好行为

学步期和学龄前儿童渴望得到奖励，他们最渴望得到的奖励是什么呢？答案就是你。在这个世界上，学步期和学龄前儿童最渴望得到家长的关注。因此可以合理推断，孩子会一遍遍重复那些最能让他得到家长关注的行为，一遍又一遍，乐此不疲。

有一对母女，3岁的莉莉和妈妈海伦。海伦说，每次带莉莉出门都非常痛苦，因为寒冷的冬天莉莉却不愿穿外套，妈妈只要一让莉莉穿外套，莉莉就会大发脾气。一天早晨，海伦为莉莉的音乐课准备要带的物品，我看到她反复检查包里的东西：尿布、湿巾、零食、钱包、手机、吸管杯、口红、钥匙、洗手液、莉莉的备换衣服、妈妈的手套、莉莉的手套、妈妈的帽子、莉莉的帽子……终于，莉莉该穿鞋子和外套了。"过来，莉莉，"海伦说，"该穿鞋了。"莉莉走到妈妈身边，妈妈弯下腰，把鞋子穿在莉莉的脚上，莉莉扶着妈妈的肩膀。然后海伦站起来，转身去拿莉莉的外套。"现在该穿外套了。"她说。不出所料，莉莉立马跑开了。

"现在就穿。"海伦说。

"不。"莉莉回答。

"我说现在就穿。"妈妈要求道。

"不。"莉莉回答。

很快，情况急转直下。莉莉变得烦躁不安、怒气冲冲，妈妈恳请她安静下来，准备去上莉莉很喜欢的音乐课。我不记得海伦最后通过什么方式让莉莉穿上了外套，但至少花了 10 分钟，其间还拿出了一块饼干。

学步期的孩子不会感冒吗？孩子认为穿外套是很令人厌烦的事情吗？这两个问题的答案都是否。事实是，学步期孩子通常会因为拒绝穿外套得到更多关注，按要求乖乖穿上却不能。当海伦叫莉莉穿鞋时，莉莉照做了。当时她径直走到妈妈跟前，让妈妈帮她穿鞋，没有表示任何抗议，这大约花了 1 分钟的时间，我们称之为第一阶段。此时海伦做何反应？她转过身去，让莉莉做另一件事，穿外套。假设你是一个把妈妈的关注看得比什么都重要的孩子，那么，你的合作有没有得到奖励呢？没有。相比之下，在第二阶段，莉莉拒绝穿外套，却成功赢得了妈妈 10 分钟的时间。这是一种奖励吗？的确是。当孩子直接穿上外套时，家长可能会说"谢谢"或"不错不错"，但如果孩子拖拖沓沓，半天才穿上外套，那么他就赢得

> 如果你那学步期的孩子通过发脾气获得了你的关注，你猜他会不会反复使用这个策略呢？

了父母更多时间，获得了父母对自己全心全意的关注。在孩子的世界里，这相当于"中头奖"。当我告诉海伦这一切时，她半信半疑："可我不明白，莉莉明明很喜欢音乐课。课上她也得到了我的很多关注啊！如果我的关注对她是一种奖励，那么为什么她不愿意尽快去上音乐课呢？"

要回答海伦的问题，我们需要从莉莉的视角出发解读这个情形。

1. 从第3章我们知道，学步期和学龄前儿童活在当下，他们的大脑不具备提前规划的能力。他们唯一在乎的就是此时此刻能否受到关注。

2. 与成年人不同，学步期和学龄前儿童宁愿选择消极的关注，也不愿意看到没人关注自己。举个例子，如果让我这个成年人在如下两个选项之中做出选择：一是我最好的朋友忙得不可开交，一连数周都没空联系我；二是她主动联系我，向我倾诉她的怒火和沮丧。毫无疑问，我会选择前者。幼儿却与我们恰恰相反。对他们来说，任何形式的关注都比没有关注要好，这就是为什么他们倾向于拒绝穿外套，而不是听到要求后马上穿上。比起毫无关注，学步期和学龄前儿童更倾向于被父母关注，哪怕这种关注是以惩罚或责骂的形式呈现。

海伦理解了这两点之后，开始渐渐转变思维。如果莉莉能够马上穿鞋或穿外套，妈妈就会给予她更多关注，如果莉莉拖拖拉拉，妈妈则减少关注。结果，母女俩出门前的斗争越来越少，海伦和莉莉可以尽情享受音乐课了。

因此，策略性关注的意思是，将更多的关注放在你希望提倡的行为上（例如听从指令），而非你希望消除的行为上（例如反抗），强化前者、弱化后者。

在孩子情绪即将崩溃的时候减少关注

策略性关注也可以简化理解为，选择在何种情形出现时关注孩子、何种情形出现时不对孩子加以关注。想一想下面这个例子。当我们看到孩子独自玩得很开心、吃得很安静，或者做一些我们认可的事情时，我们总会拿出手机。"真不错，现在我可以用手机回复那封我今天早晨标记好的邮件了。"不出意料，当我们拿出手机的那一刻，小家伙就会把手里的奥利奥饼干扔在沙发上或把积木块扔到墙上。这时，我们会把手机放在一边，开始斥责孩子的不良行为。看吧，我们又一次奖励了我们不喜欢的行为，而非我们提倡的行为。

> 对孩子做出的不良行为不理不睬，同对孩子做出的良好行为给予重视一样有效。

如果我们采用策略性关注的原则，那么就不应该在学步期和学龄前儿童做我们所提倡的事情时减少对他的关注。而当他做出令人反感的举动时（例如马上就要大发脾气），我们可以拿出手机做自己的事情了。因为关注某种行为相反的做法就是对它不理不睬。有时，如果你不去理会孩子坏脾气爆发前的行为（拼命跺脚、咕咕哝哝），那么孩子就会明白你的意思，然后克制住坏脾气的爆发。

夸奖孩子，哪怕是小小的进步

我的一个前同事，也是我的老朋友莱斯利博士，在与家长接触的过程中将策略性关注称为"啦啦队式的欢呼"，我发现这个类比非常形象。家长可能会觉得，因为孩子克制住了情绪的崩溃、承受住了沮丧感、没有激烈反抗、乖乖听从指示而给孩子关注的奖励，这种做法非常奇怪。

家长认为，孩子理应知道哪些行为是可取的，理应表现良好。既然孩子只是在做应该做的事情，我们为什么要小题大做呢？原因在于孩子虽知道该做什么，却并不意味着他们一定会去做，这个年龄段的孩子本性易于冲动，而这种方法确实有效。

职业棒球运动员知道自己该做什么，无论是本垒打、触地得分还是投球，他们都会得到报酬。既然如此，那么我们是不是无须为他们加油？毕竟他们知道自己的本职工作，也知道作为粉丝的我们最欣赏什么样的表现。难道我们会说"他在三垒，他知道自己的任务是本垒打，所以他不需要我们加油"这样的话吗？当然不会！我们会疯狂地欢呼。我们之所以这样做，是因为我们的呐喊助威以及背后所蕴含的支持是对运动员最好的激励。

如果自孩子醒来的那一刻起，你和他便陷入了无休止的冲突，那么这煎熬的一天接近尾声时，你最不愿意做的事情可能就是对孩子的积极行为表示嘉奖了。家长们会半信半疑地看着我："他整整一天又哭又闹，现在好不容易安静了一会儿，你居然让我夸他！"没错。因为这样的时刻也是孩子最需要你嘉奖的时刻。如果我们支持的队伍终于在第八局的最后时刻进了第一个球，我们会保持沉默吗？难道我们会翻白眼，让球员知道现在才进球为时已晚吗？当然不会，我们还是会疯狂地欢呼。因为球员们已经拼尽全力，他们知道我们会站在他们那边，是他们坚实的后盾。

坏脾气一触即发之前：及时阻止火车脱轨

如果你能坚持使用上述策略，那么你的孩子发脾气的频率很可能会降低，间隔时间也会越来越长。但如果你发现孩子的坏脾气来势汹汹，就像高速驶来的火车，那么你就需要更多的工具来阻止它。

肯定孩子的努力

有些家长告诉我，孩子的坏脾气像晴天霹雳一样突然，而且越来越频繁。这时，我会让家长回顾孩子坏脾气爆发之前的经历，包括爆发之前的片刻、爆发之前几小时之内，甚至是前一整天的经历。有一位家长给我讲了下面的故事。

2岁半的但丁的父母通过电话告诉我，任何琐碎的小事，只要不顺但丁的意，都会激发他的坏脾气。我在他们家观察到了以下现象：①父母拒绝了但丁再吃一根奶酪棒的要求；②但丁的小弟弟一不小心撞倒了但丁正辛辛苦苦搭建的积木塔；③但丁想让妈妈回答关于恐龙的问题，但是必须等妈妈发完短信。我预测这三件事之后他肯定会大发脾气，然而他却从容自若、心平气和。就在我即将离开他们家时，但丁问爸爸，是否可以在洗澡前再给他读一本书。爸爸回答不行。但丁绝望地扑倒在地号啕大哭，他的爸爸看着我，做出"你看到了吧"的表情。随后，但丁的爸爸花了5分钟的时间安抚他，默许了他的要求，为他读了一本书。

为什么会这样呢？原因一点也不复杂，解决方案也很简单。

要看见孩子为克服消极情绪所做出的努力

但丁按照父母的要求在心情沮丧时保持心平气和，但是他的努力却没有得到父母的关注。事实上，但丁展示出了非常棒的应对情绪的技能，但是父母似乎全都没有注意到。相反，当但丁最终因为无法有效克制自己的沮丧感而大发脾气时，爸爸给予了他密切的关注。但丁渐渐意识到发脾气＝更多的关注，所以他的坏脾气愈加频繁。那么在这种情况下，但丁的父母应该如何运用策略性关注呢？

要给孩子的努力以策略性关注

记住，这样做的目的在于让孩子更加重视那些你希望他学会的能力，比如但丁在面对可能导致沮丧情绪的情形时仍然保持冷静的能力。"哇！当妈妈告诉你不要再吃奶酪棒的时候，看看你的表现是多么冷静吧！当别人给你一个你不喜欢的答复时，你学会了该如何应对。"当对孩子做出积极评价时，强调孩子的主导作用能够收到更好的效果。"虽然刚才弟弟撞倒了你的积木塔，但是你依然保持冷静，你意识到自己拥有的力量了！"

关注孩子的情绪

几个月前，我去见一个咨询者时迟到了。我打电话给丈夫，向他讲述了早上遇到的麻烦，我描述了慌慌张张驶向咨询者住处的情形、被严重的交通堵塞耽误以及苦苦找不到停车位的焦急心情。这次，丈夫并没有像上次我的那场小车祸一样安慰我，而是给我提出了一个建议："要知道，你应该早些出发，给自己多些缓冲时间。"不可否认，他的出发点是好的，但我感到肌肉紧绷，心跳加速，我厉声回复他："你说的不对！"然后我提高了嗓门，用更激烈的语气重述了早晨通勤中的磕磕碰碰。我暴跳如雷，那一刻，我唯一的渴望是丈夫的理解，希望他能倾听我的心声，而不要跟我讲道理，我没有心情听他那些让我改进的建议。我并不是说我的丈夫做错了，恰恰相反，他并没有错，只是当时的我十分烦躁，我只想听到他安慰的话："亲爱的，这听起来太可怕了。"或者像上次那场小车祸一样，给我一声宽慰的"嗯……"。

不要讲大道理

很多时候，当学步期和学龄前儿童的坏脾气一触即发时，我们会用理性的解释、讲道理的方法进行干预，希望能缓解孩子的沮丧感。虽然我们的出发点是好的，但这种做法通常会让局面变糟，孩子觉得自己没有得到家长的理解，沮丧感反而会加剧。

我最近见到一位叫南希的母亲，有一天，她的家中没有牛奶了，晚上 2 岁的女儿卡琳大喊："我要喝牛奶！"卡琳一遍又一遍地叫喊，南希一遍又一遍地解释说家中没有牛奶了，但这进一步激怒了卡琳，她哭闹得越来越凶。在这个情形中，卡琳起初发脾气是因为没有喝到想要的牛奶，而后来，坏脾气变本加厉是因为妈妈根本没有理解她喝不到牛奶是多么煎熬。其实卡琳最后的哭闹并不是在计较有没有牛奶喝，尤其是在第三次被告知没有牛奶之后，她很可能已经明白了没有牛奶这回事。

在孩子坏脾气一触即发时，帮他将情绪表达出来

针对当时的情形，正确的做法是承认卡琳的渴望和沮丧："我知道，亲爱的。我明白你真的真的很想喝牛奶，我也并没有不让你喝。"

说出孩子的情绪状态、帮孩子把情绪表达出来似乎与家长的直觉相悖。作为家长，我们的本能做法是在孩子满腔愤怒、沮丧不已时"及时修复"。我们觉得这样做能够阻止可怕的情绪崩溃，同时我们也不愿意看到自己的孩子难过。然而这么做的问题在于我们无法对孩子的内心感受产生共鸣。结果增加了坏脾气的发生概率，使坏脾气变本加厉。毕竟，当孩子意识到你根本不明白他有多难过或为什么难过时，他会怎么办？他会试图让你理解、强迫你理解，这意味着他要哭得更加撕心裂肺、吼得更加歇斯底里、脚踩得更加用力。

我接触过一位名叫瑞安的父亲，他的儿子每天早晨都会大发脾气。他和妻子找我咨询，起因是儿子想让爸爸送他去托儿所，但因为工作时间冲突，爸爸无法送儿子上学。"爸爸，我想让你送我，不想让妈妈送。"儿子先是小声呜咽，然后开始哭泣，最后扯着嗓子尖叫、乱踢一通。每当这时，瑞安都会告诉儿子，妈妈送他上学，他应该感到幸运。瑞安说："早晨妈妈可比我有趣多了，我很无聊，也很疲惫。你要相信，妈妈绝对是送你的最佳人选！"瑞安竭尽全力提振儿子的心情，但他的努力却适得其反。

我建议瑞安尝试新的做法，本着同理心对孩子当时的情绪予以肯定。起初，瑞安深表怀疑，但一周后他告诉我，新策略起了作用，儿子不再发脾气了。当时他说了哪些神奇的话呢？我已经记不太清了，大概有这么几句："我知道，小家伙，我真希望能送你上学。但是我得去上班，这太糟糕了。"看吧，简简单单两句话平复了孩子即将爆发的坏脾气。

不要啰唆

在这种情形下，言简意赅非常重要。瑞安的回应只有两句话，却效果很好，但如果瑞安啰哩啰唆，可能会适得其反，因为这与"策略性关注"相悖。在孩子坏脾气一触即发之前给予他过多同理心，就等于奖励了你希望他丢掉的消极行为。如果瑞安和儿子坐下来长谈 20 分钟，向儿子表明自己多么希望能亲自送他去托儿所，那么儿子的坏脾气可能不会这么快平息。因此，不需要花费大量的时间，用简短的语言表达出孩子的感受足以让他感受到家长的理解，从而平静下来。

你可以这样说："啊！你现在看起来非常沮丧"或者"我知道你很想再多看一个节目"，这样的话对于阻止孩子坏脾气的爆发能起到关键作用。这种做法的目的是建立情感联结，让孩子意识到你理解他而且站在他那一边。然后退一步，给孩子留些空间让他细细品味自己的感受——不是那些你认为他应有的感受，而是他内心真真切切的感受。

如果说孩子的坏脾气是情绪崩溃的表现，那么让孩子感受到你的陪伴和支持能够有效减少情绪的崩溃，进而阻止坏脾气的爆发。

谈论孩子的感受，而非你自己的感受

通过前几页的例子，你会注意到，"帮孩子把情绪表达出来"从更准确的意义上讲，其实是"对情绪进行确认"。当你对孩子此时此刻的内心感受做出假设时，可以使用"似乎"这样的词，或者在句子的末尾加上一个"对吧？"这样做既给孩子提供了指导，也向孩子表明，你在谈论他的感受，而不是你自己的感受，清晰划定了亲子界限。这样做的目的在于帮助孩子认识自己的感受，并坦然接受它，而不是由我们告诉他该如何做或做何感受。如果我们传递给孩子的信号是后者，那么即使我们是无意的，也可能会导致

> 当学步期孩子的反抗情绪初步浮现时，不要与他理性争论，尽量帮他将情绪表达出来。

孩子今后只能依靠他人才能搞清楚自己的感受，而不是依靠自己。

还有一种有效的办法是向孩子描述事实，就像体育节目主持人一样进行客观描述，不使用任何情绪词汇。当然，如果你采用这种策略，那么要确保你的语气充满同理心。否则，你可能会听起来像个机器人，毫无感情，无法起到抚慰效果。

同时使用语言形式与非语言形式表达同理心

要注意到，人们的情绪、面部表情和肢体语言也能够传递出同理心。如果你使用语言安慰孩子，那么就要确保你的语言与非语言表达和谐一致，这样才能收到良效。当你为了阻止孩子的坏脾气而对他的感受表示理解时，你需要让孩子感受到你的真心实意。

同孩子一起表达愤怒

我最近接触了一位母亲，她的女儿卡娅在玩最喜欢的玩具娃娃时总是爱发脾气。卡娅想给玩具娃娃换衣服，但由于协调能力不够，总是失败。于是她生气地把衣服扔到房间的另一头。妈妈为了帮助她，向她示范如何给玩具娃娃穿衣服，妈妈还告诉卡娅，万事开头难，这很正常。然而这些方法都没有起到作用。

我建议这位妈妈，也像女儿一样把怒火发泄在衣服上。"但这并不是衣服的错。"这位母亲说。"这可以是衣服的错。"我回答。为了解释这个策略，我继续示范："愚蠢的衣服快到我的娃娃身上来。你为什么就不能乖乖上来呢？你真是世界上最糟糕的衣服！"我认为，通过表达这样的情绪，妈妈能够为这种情形增添一些幽默或轻松感。将女儿的感受用言语表达出来并予以重视，通过与女儿站在同一阵营，与女儿建立联结。

这对于控制坏脾气可谓一石三鸟，对吧？毕竟，我们不需要在乎衣服的感受。

转移注意力

转移注意力是具有迷惑性的、能够避免孩子爆发坏脾气的简单方法。你可以转移孩子的关注点，你可以说"噢，看那边！"或"这里有个闪亮的东西！"表面上看，这个策略似乎与将情绪表达出来的策略相冲突，毕竟我们刚在上文中强调了肯定孩子内心感受的重要性。但实际上，将这些策略混合使用、无缝对接可以收到最佳效果。

不同的策略针对不同的孩子和不同的情形会有不同的效果。你绝不能当孩子陷入沮丧时分散他的注意力，因为这样做等于否认了他的感受，严重影响你们的亲子感情。你可以先用语言表达出孩子的情绪："你看起来的确很沮丧。"然后讲一个分散注意力的笑话、故事或唱一支歌曲。当你提前意识到孩子一触即发的坏脾气——孩子非常疲倦、肚子很饿、饭后想吃冰激凌而遭到拒绝时，转移注意力的技巧尤为有效。

问一个出乎意料的问题

我最喜欢问的一个问题是："嘿，你还记得今天早上吃了什么吗？"如果此时是早上，我就问昨晚吃了什么。孩子一般都无法马上回想起来，于是会陷入思考。这能够起到一石二鸟的作用，既能让孩子的注意力从焦躁中转移出来，又为你赢得了时间，趁机考虑如何引导下一步的对话。你可以自由发挥。比方说，你的孩子停顿了一会儿，然后想起来自己早餐吃的是炒鸡蛋。那么你可以这样做：

> 转移注意力的策略在预防孩子爆发坏脾气上屡试不爽，但绝不能使用过于频繁，过度使用可能会导致否认孩子的情绪感受。

- 告诉他，鸡蛋是母鸡生产出来的。

- 提出那个古老的谜题：先有鸡还是先有蛋？

- 给他出个小测验，看看他能说出多少种鸡蛋的吃法（炒鸡蛋、煮鸡蛋、煎蛋卷等）。

- 问问孩子炒鸡蛋是什么颜色的，接着问还有什么东西也是黄色的。

- 作一首关于鸡蛋的歌（"老麦克唐纳有一些鸡蛋，咿呀咿呀哟，他在鸡蛋上撒了一些盐，咿呀咿呀哟……"）

- 你也可以问他鸡蛋（egg）的首字母是什么，然后让他想一想其他以"E"开头的单词。

- 告诉他"炒"这个词是多么有意思，然后编一些发音很有意思的单词，接着说一些无厘头的趣话。

- 问他哪些词与"鸡蛋"押韵。

- 问他埃尔默、巴斯光年、埃尔莎、小黄人、沙斯、洛奇、莫阿纳和巨怪等角色是否喜欢吃鸡蛋、他们喜欢哪种做法、用什么吃等。

- 跟他比一比谁能用最小的声音说出"炒鸡蛋"。

仅从"孩子早晨吃了炒鸡蛋"这一条信息出发，你就有了十种把孩子的注意力从一触即发的坏脾气上转移出来的方法，关键在于你要充分发挥创意，善于运用已有的各种信息。

和孩子进行一场赛跑比赛

当你不知所措时，不妨来场赛跑。孩子们对赛跑情有独钟，尤其爱和父母比赛，所以你应该尽可能利用好这一点。孩子不想洗澡，快要发脾气了？那么就比赛跑向浴缸。孩子不想坐下来吃晚饭，到了情绪崩溃的边缘？拿出一个秒表，测测他要花多长时间跑到桌子旁，坐在座位上。孩子在超市想吃糖果被拒绝，濒临崩溃？那就比赛看谁能最先找到花椰菜。记住，不论什么形式的赛跑都可以——跑步、跳跃、爬行或转圈，如果孩子的运动协调能力不错，那么可以尝试单足跳。还可以加一些附加的要求：手放在头上，像猪一样哼哼，同时唱《一闪一闪亮晶晶》，唱的时候不能动胳膊等。

挑战独立完成任务

使用转移注意力的策略时还可以用一个魔力咒语："你肯定没法……"例如，你可以挑战孩子："我敢打赌，你肯定没法……（加上你想让孩子完成的任务）"你给孩子设定的挑战也可以是那种触发孩子坏脾气的任务。例如"我敢打赌，你肯定没法在洗澡前脱掉衣服！"或者，你也可以以一种完全出乎孩子意料的方式使用这个策略，以下面的对话为例：

凯莱布："我想要一个棒棒糖！"

妈妈："我知道你想要，宝贝。棒棒糖确实很好吃。嘿，我敢打赌，你肯定没法单脚站立！"

听起来很荒唐，是吗？但是你那学步期和学龄前的孩子却可能会吃这套。记住，他们在这个成长阶段非常渴望能够展示自主性。在这个例子中，妈妈说的这两句肯定孩子感受的话也很重要："我知道你想要，宝贝。"和"棒棒糖确实很好吃。"如果你直接挑战让他单足站立，而未表达出你听到了他想吃棒棒糖的要求，那么孩子可能会提高嗓门重申他的要求，然后他再次提高音量，接着变成尖声要求，最后变成又哭又闹……

说实话，光这个策略我就能写 100 页，因为转移孩子注意力的方法数不胜数——你只需要选择那些你能轻而易举想到、对孩子也最有效的方法。

让孩子成为"帮手"

学步期和学龄前儿童非常喜欢"帮忙"（是孩子自认为的帮助，而不用在乎他们的帮助是否真有价值，这一点很重要）。你可以让孩子帮忙搬东西、擦桌子、叠衣服、把纸拿给妈妈、看看车是否还在外面、告诉妈妈沙发上有几个枕头，等等。你可以这么说："你能帮我一个超级大忙吗？"如果你用这种策略转移孩子的注意力，那么唯一需要注意的是千万不要陷入亲子较量的误区，也不要借此机会批评孩子。如果他说："不，我不想！"那么你就顺其自然，而不要批评他这么回答"不友善"。毕竟这个策略的初衷是改善事态，而不是使其恶化。如果事态趋于恶化，那么就该及时放弃。

善用道具

是的，手机偶尔也能成为道具，绝望的时刻需要采取非常措施。我会把手机的使用限定在绝望的时刻。这里所说的"使用手机"是一种转移注意力的策略，而不是广义上的"允许看屏幕"，后者是另外一个话题。

你的手机可以作为转移注意力的有效道具，因为它既闪闪发光又有趣。但是，如果孩子显现出暴跳如雷的征兆，那么你绝不能用手机来吸引他。此外，如果孩子对手机形成依赖，而其他的奖品（例如书、玩具、勺子、吸管）都不再起作用，那么你就掉入了自己挖的陷阱中。

模仿你的孩子

你可以模仿你的孩子，但不要嘲笑他。如果你在生孩子的气，那么这个技巧可能会起到反作用，因为它可能会变成恶意的嘲笑。但是，如果你能充满爱意地用幽默来进行模仿孩子，那么这个策略可任由你发挥，且能收到绝佳效果。

如果你的孩子抗议说："不，不要给我换尿布！"你只需回答："不，你不要给我换尿布！"或者，当孩子说"把我抱起来，现在就抱！"你就来上一句："你把我抱起来，现在就抱！"我可以保证，你的孩子肯定会愣住，露出困惑的表情，甚至给你一个微笑。一旦孩子露出微笑，哪怕是一个困惑的停顿，你都能看到曙光，"呼，我想我们成功地阻止了坏脾气的爆发。"

给孩子选择权

有时候，我们会认为孩子拥有世界上最好的生活。从很多方面讲确实如此。孩子受到了家长全心全意的照料，从来不用担心什么时候吃饭、该吃什么，也不用担心支付账单、不用考虑时事政治。但是，这样的生活也意味着孩子几乎没有自主权。吃什么东西、什么时候吃、在哪里吃，都是由别人替他们决定；何时何地睡觉也是由别人决定；就连该穿什么、日常起居、由谁来陪伴自己也不是自己说了算。如第 3 章所述，学步期和学龄前儿童非常渴望自主能力，他们正在学习如何驾驭周遭的环境，通过尝试来认识哪些情形可以驾驭、哪些情形超出自己的能力范围。

给孩子选择的权利赋予了孩子主导权与控制感，帮助他缓解自身能力与内心渴望之间的矛盾关系——前者是指孩子无法独立驾驭绝大多数环境，后者是指孩子源自内心的自主渴望。以早餐为例，你可以问孩子想吃鸡蛋还是华夫饼，也可以让他自己选择想要坐哪个椅子。

限制选项的数量，避免开放式问题

不要给孩子过多的选择，不要问孩子："你早餐想吃什么？"过多的选项或缺乏限定范围会让孩子无所适从，甚至可能导致亲子间的较量。

给予次要问题的选择权

为了满足你那学步期孩子对自主性的要求，你可以就一些次要问题提供选项供他选择。还是以早餐为例，你可以让孩子在以下选项里进行选择："鸡蛋放在盘子里还是碗里？""你想用紫色叉子还是绿色叉子？""自己坐下来还是妈妈帮忙？""等待华夫饼出炉时想要唱哪首歌？《摇啊摇》还是《松饼人》？"

这种将坏脾气扼杀在萌芽中的策略颇有创意，我鼓励你将它收入应对学步期和学龄前儿童坏脾气的锦囊袋中。你越有创造力，就越能为孩子创造更多的选项，选项越多，孩子就不会觉得自己没有发言权，而这种感觉往往是坏脾气的导火索。

孩子已经开始发脾气了：该怎么办？

以上预防策略非常有用，但并不是所有的坏脾气都可以预防。如果你现在恰好陷入窘境，你那学步期的孩子正像软体动物一样地趴在地板上哭个不停，你该怎么做呢？

这时，你可以这么做。

相伴左右，耐心聆听

从某种程度上讲，这听起来确实太过简单。如果你走进房间，看到一位父亲正在对儿子使用这个策略，那么你的眼中可能是这样的画面：孩子乱发脾气、大喊大叫，可能还会踢打地板，旁边还有一个男人干坐着。这能有多难？实际上，比登天还难。

怀着同理心相伴左右

当孩子在一旁号啕大哭时，我们并不习惯于静静坐着不干涉。作为家长，我们本能的冲动是制止孩子发脾气。我们在锦囊袋里翻个底朝天，期待某个策略能够奏效。如果所有的策略都没能奏效，孩子依旧愤怒不止，那么为了使我们自己好受点，我们会做出最拿手的事情：抽身出来。我们先走到一旁，然后拿出手机，或者开始忙其他的事情。我们在那一刻最大的愿望就是让孩子不再哭泣、呐喊、乱踢乱打。如果愿望落空，那就等于我们所尝试的一切策略都没有奏效。

然而，"奏效"还有另外一种定义：让孩子感觉好一点，让孩子得到安慰。有时候，孩子满心期待家长的陪伴，希望他们能够坐在自己的身边，任由自己的沮丧情绪发作，而不是不耐烦地制止它。坏脾气是一种宣泄，是情绪崩溃的发泄，通常家长能采取的最为"有效"的策略之一就是坚守在孩子身边，用无声的方式表达无条件的陪伴。

你可能会这样想："等一下，你这不是自相矛盾了吗？你在解释'策略性关注'时，明明说在孩子发脾气时不要给他们过多的关注。现在你又说在他们情绪崩溃时要坐在他们身边、陪着他们。这不合理啊！"你说得对。好吧，你说得都对，但是最后那句"这不合理"不对。它的确是合理的。因为与其说应对坏脾气是一种科学，倒不如说是一种艺术。所有的情绪崩溃绝不是千篇一律，所有的孩子也绝非千人一面。有时候孩子发脾气的主要动机在于赢取更多的关注，在这种情形下，运用策略性关注十有八九能收到不错的效果。然而有时候，这个学步期的孩子可能因为自己的内心感受没被他人理解而处于脾气爆发的边缘，针对这种情形，正确的做法是重视他的情绪。那么，如果他只是想要释放情绪呢？对此最有效的做法便是"相伴左右，耐心聆听"。

区分情绪和行为

孩子在宣泄所有的情绪时可能会被愤怒、沮丧、苦恼压得喘不过气来，以至于做出不恰当的行为，比如乱打、乱踢、乱抓，甚至满屋子乱扔东西。此时此刻，你需要帮助他区分情绪和行为，要让孩子知道：我们接受你所有的情绪，这并不代表接受你所有的行为。"克洛伊，我看出来你确实很生气，你可以大喊大叫、尽情哭闹、拼命踢地板，但我不会让你伤害我（或你的小妹妹，或狗狗），那是绝对不行的。"

语气坚定，但不要生气

理想状态下，你的陪伴——包括你的言语和行为——终将抚慰孩子的情绪。你应该让孩子感受到你的关怀和约束。如果你要跟孩子对话，那么要语气坚定，让孩子意识到你在给他设置很重要的限制，但你的语气中不要包含愤怒和沮丧。那么你可以感到愤怒和沮丧吗？当然可以。你是不是甚至可以说出自己的愤怒和沮丧？这也是可以的，但是，等孩子的暴脾气消退之后再说效果更好。如果你语气中的愤怒非常明显（例如厉声呵斥），那将只会起到反作用：孩子的情绪（愤怒、沮丧，甚至是内疚）会继续恶化，坏脾气也会变本加厉。

拥抱孩子

有时候，你的言语表达可能不足以抚慰孩子的情绪，而且你十分担心孩子的安全，那么你有必要做出肢体回应。如果你把手搭在他肩膀上、靠近他或者给他一个大大的拥抱确实能让他平静下来，那么你可以采取这些方式，但是你也要仔细观察，判断孩子是不是真的需要这些。当然，如果存在安全问题，那么不管小家伙的反应如何，你都可以将他紧紧抱住，保证他既伤不到自己，也不会伤害他人。

使用身体接触策略时，注意判断孩子在发脾气时是否受到了比平时更多的拥抱，留心不要陷入"无意识奖励"的陷阱，它会鼓励孩子的坏脾气行为。如果答案是否定的，而且你的孩子也并非陷入情绪崩溃的旋涡不能自拔，那么，你可以有意识地增加身体的抚触。

一定要先确保自己冷静

无论你用何种方法来使自己保持情绪稳定——深呼吸、感受自己的身体、提醒自己孩子的大脑尚未发育成熟，现在都是使用它们的最好时机。只要你能保持情绪稳定，那么你的孩子就会受你感染，渐渐恢复平静的状态。对我来说，这个过程就像听凡·莫里森的《走进神秘之境》一样简单，这首歌开头部分的吉他和弦能让我平静下来。我会在孩子情绪崩溃的时候播放这首歌（孩子也渐渐了解了我这个习惯），借此平复自己的情绪。

Q 什么时候可以对孩子让步？你说过偶尔让步是可行的，但我不想给孩子传达错误的信息。

A 我多么希望能够给你精确的答案或提供精准的算法，让你能够随时判断是否应对孩子让步。我的咨询者们经常问我这个问题，因为他们害怕要求的前后不一致成为加剧孩子坏脾气的导火索。

现在我告诉你答案。第一：放松。真正放轻松。因为对孩子让步没有所谓"正确和错误"的时间点。作为家长，你只需直接采取行动，坦然面对行动的影响。没有任何一种举动——无论多么"不妥"或让你多么后悔——能够成为孩子是否表现得体的决定性因素。养育之路起起落落，你只需一心朝着积极的方向努力，这样就够了。第二：你给孩子的陪伴越多、越善于倾听孩子的心声，你的决定来得就越容易。它将是深思熟虑的决定、一种特定的行事方式、一种冷静且有意识的选择。如果你经常因为焦虑、绝望或怨恨而对孩子让步，那么或许你应该考虑使用更有效、对你和孩子都有益的策略。

　　分享我自己的一次经历。一天晚上，亨利在凌晨 3∶11 把我叫进他的房间，要我往他的水里多加些冰。他很渴，但是吸管杯里的水没有达到"超级冰"的状态，所以他不想喝。考虑到他的这个要求荒谬绝伦，我拒绝了他，并打算拒绝到底。他随即大发脾气。我警告说他的喊叫可能会吵醒弟弟，但是他压根不理睬我。当时的我睡眼惺忪，哈欠连天，而且第二天的工作满满当当。于是我照他说的做了，但是我并不觉得这是一种屈服，因为这是我权衡了不同因素做出的最佳选择。所以我说："亨利，我刚刚改了主意。我去给你的水加些冰，喝完水我们都继续睡觉。"

　　我总是这样建议：当你决定对孩子的要求让步时，你应该告诉孩子，是你自己改变了主意，而不是他的行为导致的这一结果。这种做法是一种不错的练习，它为你如何做决定提供了参考。我这样做收到了良好的效果，亨利再也没有凌晨叫我去解决水温难题了，但是我知道他有可能还会这么做，我也做好了应对准备。在交叉路口我选择了这样一条路。你也可以这么做。

坏脾气过后：修复与反思

到了坏脾气时间轴的这个节点，你的小宝贝的怒火可能已经消退，也可能此时他仍在喘着粗气。他的眼泪已经被纸巾或袖子（他的或你的）擦干，下一步该如何做呢？

修复割裂的亲子关系

　　无论出于什么意图和目的，坏脾气爆发都意味着亲子关系的割裂，无论它多么短暂或轻微。在理想情况下，它随后应该被修复。这个阶段没有特定的应对方式，当然也无须将其视为天大的事情。亲子关系的修复可以是简简单单的"重新建立联结"，如"刚才那几分钟可真难熬，来来来，现在我们一块儿读书吧。"也可以是一个温暖的拥抱，或者一个把大家都逗乐的笑话。你可以利用这个机会给孩子传递这样的信息：有激烈的情绪很正常，亲子关系也可以恢复正常。有时候这个修复过程非常迅速而且很自然；有时候，由于情绪状态不佳、计划不周，你可能需要先休息几分钟，然后再进行有意识的修复。

为你在坏脾气过程中的不合理举动道歉

　　请参考本章前面讲过的道歉策略。记住，我并不是建议你为孩子的情绪崩溃而道歉："亲爱的，很抱歉妈妈惹你哭了。"我们不需要为别人的情绪或反应负责，但是如果你否认孩子的感受，"哦，得了吧。没什么大不了的，你反应过度了！"或者你朝着孩子大喊"快住手，够了！"那么你的道歉就很有必要。

把坏脾气作为反思的机会

　　作为家长，孩子的每一次发脾气都是我们学习和成长的机会。孩子的坏脾气是不可避免的吗？或者，是否有办法阻止孩子情绪崩溃？如果可以，那么应该在哪个环节下功夫？你的反思越多，就越容易掌握预防孩子发脾气的技巧，因为这样的反思有助于你在孩子下一次坏脾气爆发之前未雨绸缪。随着时间的推移，你对于亲子间坏脾气互动的理解程度将决定你能否快速有效地阻止或缓解孩子的坏脾气。

小结：停顿的力量

每年夏天，我们全家都会去缅因州待上一周，亨利和齐克可以和祖父母、叔叔、阿姨、堂兄弟姐妹、叔祖父母，还有所有亲戚家的狗狗们共度美好时光。我还记得某个晚上亨利史无前例的暴脾气。那天他拒绝吃晚餐，说他只吃巧克力豆，被拒绝之后，他就在厨房里厉声尖叫起来，泪流不止，双腿拼命跺着木地板。要是在家里，我很可能会试图用前面几节提到的策略来缓解他的情绪崩溃，帮他表达感受、转移他的注意力或干脆不予关注。然而我快速审视了当时的局面之后，决定把亨利抱在怀里走出屋子，舒舒服服地躺在草地上。

会不会有人说，我这是在奖励他的行为？会不会有人觉得，亨利的尖叫和踢打是为了赢取妈妈的关怀？答案是肯定的。在我看来，亨利突然爆发的坏脾气是受到了过多刺激的结果，他习以为常的生活作息和规律在缅因州被完全打破了。吃巧克力豆反倒是次要问题，它只是情绪崩溃时的一个靶子而已。

那么，我的做法对不对呢？我也不清楚。亨利在草地上冷静了下来，虽然最终他也没有吃到巧克力豆，但在接下来的 36 个小时里他没有再发过脾气。我也不知道如果当时采用别的策略是否也会产生相同的结果。

　　亨利在厨房失去理智时，我在做出反应之前的停顿，即迅速审视、思考的做法，也许是整个过程中最关键的几秒，它比我最后采取的任何策略都重要。家长的力量就蕴藏在这个短暂的停顿中。在短短 2 秒钟，你可以判断孩子的情况，检查自己的情绪，并迅速分析真正起作用的系统性影响（在这个场景中，影响包括假期、一大群亲戚以及欢快跃动的气氛），并最终做出理性的、颇具针对性的应对选择。正是这种有意识的选择，而不是策略本身，为事态的发展奠定了基调。

　　不幸的是，根本不存在能有效阻止或缓解所有孩子坏脾气的万能公式，这就是为什么针对孩子的坏脾气有无数相互矛盾的建议。千万不要只选取其中一个关键策略作为应对你那学步期或学龄前的孩子坏脾气的绝招。相反，你应该认真反思，如何才能对孩子在特定场景中的特定表现有更为深入透彻的理解，只有这样你才能熟练地停顿一下，并观察孩子坏脾气爆发之前和过程中的亲子互动。通过大量的练习，你就能够游刃有余地将所有可行的策略巧妙组合、灵活使用。

　　当然，这个过程对培养"禁做事项"的意识也颇有益处，即那些只会使学步期和学龄前的孩子情绪崩溃加剧的"错误策略"。我们将在第 9 章详细叙述这些"禁做事项"。

第 *9* 章
避免本能回应和使用无效策略

家长经常使用的应对孩子坏脾气的方法
中，有一些方法不仅起不到作用，还会
激化孩子的坏脾气，让情况变糟。本章
列出了典型的无效策略，当家长意识到
这些策略无效时，在面对孩子的坏脾气
时就不会陷入误区，能够摆脱错误的本
能回应，更好地回应孩子的情绪，使情
况得到缓解。

> "我是不是让情况变得更糟糕了？"

本章将所有篇幅聚焦于孩子发脾气时家长不该做的事，即"禁做事项"。我发现有必要指出某些家长惯用的无效策略，这些策略不仅起不到作用，还会让事态恶化。其中一些策略明显很不妥当，因为它们与第8章所述的必做事项相悖，本书的其他部分也有例证。所以，花时间琢磨一下如何避免陷入误区，能够让你摆脱错误的本能回应。

不要对孩子的情绪不以为然

家长经常以怀疑的语气描述孩子的坏脾气。他们会这样说："说了你也不明白，哪怕最不起眼的小事都能让他抓狂不已！"家长描述孩子坏脾气的起因时，往往会使用"最不起眼""最无关紧要""最不重要""最无足轻重"这样的词语。

从表面上看，学步期孩子发脾气的原因确实很荒谬。昨晚，我无意中听到亨利在洗澡时突然大哭起来，随后又听到我丈夫回应道："对不起，亨利。我很抱歉听了你的话把创可贴给你取了下来。"是的，你没读错。我丈夫为自己服从了亨利的要求而向亨利道歉。刚取下创可贴，亨利就陷入了沮丧，也许他发现这压根不是自己所期望的吧。我对亨利突如其来的哭泣一头雾水，而当我听到丈夫真诚的道歉时，我竟大声地笑了出来。当然我的笑声没有传到亨利的耳朵中。在孩子面前，我们一定要克制住大笑，认真严肃地对待他们的反应和经历。那么偶尔傻笑一下可以吗？当然可以，但是仅从成人的角度看待孩子的沮丧只会火上浇油。除了公然嘲笑之外，下面的一些例子也是对孩子情绪的不以为然。

● "……没什么大不了的。"这种回应什么时候起过作用？你那学步期或学龄前的孩子永远不会说："你知道吗？你是对的，妈妈。这确实没什么大不了的，是我的错，我太过分了。"不仅孩子不会这样回应，任何人都不会这样回应，永远不会。

● "哦，拜托，只不过是……罢了。"这句话中的"只不过"表明你对孩子的烦心事根本不重视，而是在以居高临下的态度对待他。孩子情绪崩溃的时候，千万不要说出这些字眼，哪怕你是用一种富有同理心的语调在说。

● "没什么好难过的。"同样，想想你自己难过的经历。如果别人告诉你根本无须难过，你会觉得有用吗？不会的。也许你认为自己难过的理由非常合理，也许你意识到从理性的角度考虑没有站得住脚的理由，但无论如何，你都感到难过。而现在你要为自己的难过感到羞愧了，因为别人告诉你没有什么好难过的。无论你如何解释，这样的训诫都起不到宽慰作用，甚至会让局势进一步恶化。

● "你太荒唐了。"这个表述本身就说明了一切。谁也不喜欢被说成"太荒唐"，无论是 2 岁还是 42 岁的人。"无理取闹"和"蛮不讲理"之类的词汇也是如此。另外，假如 2 岁半的孩子非常健谈、颇有洞察力，那么他会回头盯着你说："我当然是这样！我只是个孩子啊！"毕竟，第 3 章告诉我们，孩子的大脑构造决定了他们更感性用事，而非理性至上。

不要对孩子该如何感受指手画脚

这是一条放之四海皆准的规则，适用于学步期、学龄前孩子，也适用于所有人，在孩子发脾气时尤为适用。告诉孩子他应该如何感受意味着对孩子的情绪不以为然。"别生气""别这么沮丧"，这样的话语否认了孩子的情绪体验，强迫他放弃自己真正的感受。

> 对导致孩子情绪崩溃的原因不加重视，等于否认孩子的情绪，这样做起不到正面作用。

我多次目睹这种现象，尤其是当孩子试图掌握一项技能时（比如尝试用积木搭房子或画出一个更加完美的圆）。如果孩子在这些活动中搞砸了，他通常会尖叫或哭泣，引得家长匆匆前去帮忙，这正是我们所熟知的"尽一切可能防止情绪的崩溃"。家长会不假思索地告诉孩子"别这么沮丧"。我甚至见过这样一位母亲，她告诉女儿说，狗狗把她那组装得完美无缺的磁力玩具屋撞倒也是一件乐事，因为"现在我们可以开开心心地重建了"！

有时候，这些话语确实能阻止孩子的坏脾气，但更多情况下，我看到的是孩子变本加厉的坏脾气。然而，如果家长能够帮孩子讲出他的感受或描述此时此刻的情形，孩子往往能冷静下来。"它看起来更像正方形，而不是圆形，这让你很沮丧，对吧？"或者"你花了这么大力气，结果狗狗跑过来把它弄坏了。"只要孩子的情绪得到了家长的理解和认可，他便会颇感欣慰，不必再用竭力尖叫或拼命哭泣来表达内心的痛苦。等孩子平静下来之后，你们可以商量下一步该如何做：要不要重建玩具屋？要不要暂停一下画圆圈的练习？

相反，如果家长一遍又一遍地告诉学步期和学龄前儿童不该有什么情绪，那么孩子可能会误以为自己有随时切换情绪的能力或者误以为自己应该具备这种能力。

　　当然，教年龄稍大的孩子积极思考对孩子的确有帮助，但是这种教导绝不适合在孩子坏脾气上演时进行。孩子需要知道，他内心的情绪，包括那些痛苦的感受都是生活中正常的一部分，它们就像海洋中的波浪一样起起伏伏，是可以被驾驭的。作为家长，我们需要给孩子示范如何应对这些情绪，而不是让孩子摒弃它们。类似的话还包括"放松点！""冷静！"。不要再对孩子这样说了，也不要对任何人说这样的话了。

不要回避孩子的难过情绪

　　这一点并非前面两点自然而然的推论，而是前两件"禁做事项"背后的原因。对于孩子内心的沮丧，如果我们不畏惧，也不因某种原因难以忍受，那么我们就不会如此频繁地对孩子的感受不以为然，或强行要求孩子冷静或振作。如第 4 章所述，目睹孩子的沮丧往往会唤起我们自己的童年经历，使我们很难区分自己当年的感受与孩子现在的感受。

　　我经常想起这样一句话：养儿育女就像将心悬在身体外行走。看到孩子因陷入愤怒、沮丧或失望等情绪而挣扎煎熬时，你会觉得自己的心裂成了两半。然而，孩子不能长在温室里，家长也无法控制孩子不去经历这些情绪体验，确保他无忧无虑。家长们经常告诉我，因为害怕引发孩子的坏脾气，他们感觉如履薄冰。如果我们细细推敲，就会发现回避孩子的负面情绪只会使其恶化。你那小家伙不仅会因为你不让她再多看一集《爱探险的朵拉》而发脾气，还会因为你千方百计阻止她那"可怕"的坏脾气而难过。不能再多看一集动画片＋觉察到你不让她有情绪而产

生的恐惧 = 更频繁、更强烈的坏脾气。

不要为了阻止孩子发脾气而对他撒谎

家长为了避免拒绝孩子，避免让孩子陷入失望或沮丧的情绪经常会撒一些谎。偶尔撒个谎可以吗？可以的。你可以偶尔告诉你那学步期或学龄前的孩子，饼干已经没有了，而实际上你知道食品柜里还有一盒未打开的饼干。但是，习惯性地为了不让孩子用 iPad 而告诉他 iPad 坏了，或者对孩子撒谎说玩具店已经关门了，这样做对你和孩子都没有好处。

好吧，其实这不完全是真的。短期之内确实对你有好处，因为接下来的 10 分钟确实比不撒谎更舒服，有时候你确实需要这安稳的 10 分钟。但从长远来看，养成撒谎的习惯是一件非常糟糕的事。你是在对你的孩子撒谎，这种做法绝不可取。你应该是孩子最信任的人，你是孩子的榜样，如果想让孩子对你坦诚相待，就得对他诚实。因为他迟早会意识到，iPad 不会在每天的某个时间自动坏掉，到那个时候，他会怎么看待你告诉过他的其他事情呢？孩子需要看到家长以开诚布公、清晰明确的方式承担设定限制的责任，为此你要勤加练习。

不要对孩子说，他的行为让你痛心

多年来，我反复听到这样的话。当孩子因某事愤怒不已或备感沮丧时，家长会做出悲伤的表情，假装哭泣地对孩子说："你知道吗？你这样做让我很难过。"我曾说过，现在再强调一遍：孩子没有义务对家长的情绪负责。两者的义务关系只有一个方向，而且与上述方向恰恰相反：家长有义务对孩子的情绪健康负责。

正因如此，家长的这种说法只会起到反作用。是否应该让孩子意识到自己的行为会影响其他人？是的。但即便如此，也不应该迫使他对你的感受承担责任。既然我们说到了这个话题，那么我建议你在与孩子的互动中抛弃这样的话语："你让我感到……"。这样的表达暗示孩子拥有过于强大的力量，它超出孩子的承受力，会导致孩子焦虑。"我开始感到沮丧／生气／懊恼"是更为合理的表达，因为这表明你才是自己情绪的主宰，也是在向孩子

> 告诉孩子，他的坏脾气给你带来悲伤或许能换来片刻安宁，但效果不会长久，而且这等于给孩子的肩头放上了他无力承担的重担。

示范，你正在识别和表达情绪，并在做出有针对性的举动，孩子可以通过学习你的做法受益。你应持续不断地给孩子示范你希望他学会的优点，这一点永远都很重要。

不要认为孩子坏脾气上演之前及过程中说的话是针对你的

Q-TIP 是一个非常有用的缩写词。它的含义为不要往心里去，是"Quit Taking It Personally"的首字母缩写。你可以把它写下来，挂在每个房间的墙上，或者在手机上设置一个闹铃，每隔一小时提醒自己一次。

当你那学步期或学龄前的孩子大发脾气时，他很可能会使出浑身解数。那会是一种什么样的景象呢？"我恨你！""你是个坏妈妈！""我想要爸爸，不要你！""走开！""你真坏！"这些话非常刺耳，尤其是从自己的孩子口中说出时。鉴于你个人过往的种种心结，当这种愤怒直接冲着你来时，你极有可能无法保持镇定。然而，这些话是该年龄段孩子合情合理的表达愤怒的方式。如果你因此火冒三丈、以牙还牙地回应孩

> 记住 Q-TIP（Quit Taking It Personally），不要往心里去。

子说"你也很坏"或"你更坏"，那么这非但不会缓解孩子的情绪，还会导致局势的进一步恶化。这也意味着你降低了自己的行为标准，这不仅是错的，也会令孩子困惑。

我也不建议你在那一刻对孩子的行为指手画脚："你不能这样和我说话"或"不要这么无礼"。当然，你有责任教孩子尊重他人、礼貌得体，但在这种时刻教他这些东西，他十有八九听不进去。毕竟，我们在情绪激烈时对新信息也是十分抵触的。以这种方式回应孩子也有可能引发一场亲子间的较量，这只会加剧已经上演的坏脾气。

值得注意的是，像"我恨你"之类的话极有可能会刺激家长否认孩子的感受。家长通常会本能地回应："不，你不恨我。"这正是本章的第一项"禁做事项"。当然，长远来看，家长这么说是对的，因为成年人可以全局思考，不会局限于此时此刻。但是，不要忘了关于儿童大脑发育的内容：幼儿尚不具备这种能力。这也是为什么家长从孩子的视角看世界是极有必要的。在那一刻，孩子确实恨你。换言之，这种恨是孩子当下的愤怒。如果你不是一味地否认孩子的话语的真实性，而是对他的真实感受予以接受和承认，那么你阻止或缓解孩子坏脾气的胜算更大，尽管做到这一点并不容易。

不要嘲讽孩子

家长有时候会嘲讽孩子，但嘲讽是一种世故的交流方式，远远超出了孩子的理解范围。他可能会察觉出你的语气和实际说出的话不一致，比如你用尖酸刻薄或凶巴巴的语气说出一句"真有意思",孩子不知道该做何理解。嘲讽和蔑视一样,会让学步期和学龄前儿童困惑不已。下面是一些在孩子发脾气前或发脾气时家长讽刺性的回应。

"是的,我希望世界和平。"

"你的生活确实太难了。"

"我知道,这是世界末日!"

"因为……显然是地球上最重要的东西。"

作为家长,我们的责任是教给孩子我们希望他掌握的行为规范,每当你对孩子冷嘲热讽时不妨想一想这点。你可以参考第 8 章中关于榜样的力量那节内容,这一点尤为重要,因为它不仅与防止孩子的坏脾气有关,而且与养育的方方面面都有关。在孩子发脾气时对他冷嘲热讽轻则让他陷入困惑,重则让他感觉失去了尊严。孩子的痛苦会加剧,坏脾气非但不会好转,反而会变得更糟。孩子出于恐惧,可能会在短期之内表现得更好。但长远来看,通过利用孩子的恐惧感来控制孩子起不到任何作用,只会让情况更糟。

不要威胁孩子要叫警察来抓走他

我想,如果你那个头不到 1 米的儿子打了他的弟弟,你是不会报警的。如果你真报警了,那么问题将更加严重。在成长过程中孩子应该对警察产生信任,而不是恐惧。利用孩子的恐惧感不能为家长(更别提孩子)带来好处,这种方法应该彻底从你的锦囊袋中除去。同时,威胁带孩子去打针与威胁报警一样糟糕。

不要期望孩子因所享有的一切而感恩

"我的孩子为什么会因为不能再多吃一块饼干而生气呢？世界上有很多地方的孩子可是连饭都吃不饱啊！"

"我真不敢相信孩子在打开所有生日礼物后，竟然问为什么只有这些。这让我很尴尬。"

关于感恩的问题很复杂，来自不同背景的家长对这些问题的看法各不相同。我们需要对孩子成长的阶段特征，尤其是自我中心主义有清醒的认识。在很大程度上，你的孩子无法（或刚刚开始）理解并非每个人的经历都与他相似，这是大脑在这个阶段的发育特征。即使你的孩子到了能够理解这一事实的年龄，如果反复跟他强调要对自己享有的一切心怀感激，那么当他无法做到这一点时，就可能会产生内疚或焦虑。

我曾经接触过这样一位父亲，他4岁的女儿能够意识到自己多么幸福，这让他备感自豪。女儿经常说自己无比幸运：今后能上私立学校，每天能吃上三顿饭，还有一对爱她的父母。客观地讲，所有的这一切都说明她的确是个幸运儿，我也可以理解父亲希望培养她感恩之情的心态。但如果你过早、过于强势地给孩子灌输这个信息，或者在她因为鸡毛蒜皮的小事而陷入沮丧时向她灌输这个信息，那么你实际上是在剥夺她拥有负面情绪和糟糕感受的权利。这个会感恩的小女孩也会被沮丧或失望的情绪压垮，她知道自己很幸福，对于自己居然会产生负面情绪而感到内疚。当父亲不再反复强调她的幸运时，她情绪崩溃的频率和强度便逐渐减少了。当然，我无法肯定这其中的因果关系，但我却见证了这个结果。以下表述或许有些啰唆：向孩子灌输对我们而言很重要的价值观和技能最为有效的方式，是我们亲自示范这些价值观和技能。

不要辱骂孩子

我知道（当然也真心希望）你绝不会骂自己那学步期或学龄前的孩子是白痴或蠢货，但是一些间接的辱骂也会对孩子造成伤害。有时，我会听到家长在孩子的坏脾气上演之前或过程中骂孩子自私或刻薄。给孩子贴这样的标签是对孩子情绪和行为的苛责，它超出了孩子的承受范围。我在第 3 章中提到过，学步期和学龄前儿童易于冲动、固执己见、以自我为中心且感性用事，他们最在乎的事情便是控制一切。

如果某个成年人展示出上述部分性格特点，那么他很可能会被视为刻薄或自私。假设你给这个人安排了一次相亲，那么当相亲对象看到这个人有这些性格特征后肯定会打退堂鼓。然而，如果我们时刻谨记孩子的成长规律，那么我们会回归这个观点：孩子的这些行为实属正常、合情合理。当我们指责孩子刻薄、自私时，我们是在用成年人的标准对孩子做出不公平的评判，是在羞辱孩子，只因孩子以本性行事。这样的指责很有可能引发孩子更剧烈的坏脾气。

除了刻薄和自私，我经常听到家长用这样的字眼指责孩子。

● 太感性用事了。

● 太情绪化了。

● 好哭佬。

● 浑身是戏。

● 戏精。

● 装腔作势。

有时候，幼儿确实会有目的地把情绪流露出来，他可能会假装号啕大哭或勃然大怒，这都是他在探索情绪和反应机制的表现。这种情形通常发生在亲子间情感相通的时刻。在你发出睡觉的指令后，你那2岁半的孩子先假装大哭，然后盯着你笑。他可能会要求你角色扮演："我拿走你的玩具时，你哭，好吗？"这是孩子在探索情绪、角色、反应的表现。

当孩子体会到发自内心的沮丧、失望、愤怒或悲伤时，即使他是为了博取家长的关注而做出稍显夸张的反应，家长也不能把所有的注意力和回应都集中在孩子的"表演技巧"或"戏精天分"上，那是很糟糕的。如果有人对你说，你因某事产生的沮丧并非你的真实感受，是你反应过激，或只是为了得到自己想要的东西而假装出来的，你会有何感想？你会感觉非常糟糕，你会更加难过。孩子也是如此。

不要用惩罚（包括冷静思过策略）的方式来应对坏脾气

此处我要再次强调一遍：坏脾气是一种正常的、符合孩子发育规律的强烈情绪表达。有时候，坏脾气是孩子对交流和联结的渴望；有时候，坏脾气是为了挑战规矩，以确认规则的存在并确保规则坚不可摧；有时候，坏脾气是由某种导火索引发，或因为家长遗漏了某个问题而引发，抑或因为家庭或大环境的变化引发。总之，坏脾气的起因五花八门。

然而，坏脾气不能被视为过错，不要用惩罚的手段来减少孩子坏脾气的爆发。坏脾气本身蕴含若干分散的、重叠的行为，你或许可以压制其中部分行为（比如使用第8章所述的策略性关注），但你永远不可能将坏脾气根除。为此，专门用惩罚手段（如冷静思过、剥夺优待）来应对孩子的坏脾气终将是徒劳，甚至还是对孩子的羞辱。让孩子学会处理和调节自己的情绪，而非惩罚他，这是你应该做的。

　　此处需要提醒你注意，我没有把父母发脾气列入禁做事项中。这是否意味着我在建议你，在孩子情绪崩溃时可以冲他大发脾气？当然不是。我之所以没有把它列进来，是因为在某个时间点，也许是明天或下周，你会脾气失控，也许你最近刚刚脾气失控了。那时，你提高了嗓门，说了一些令你后悔的话。即使你读完了这本书，你可能还是会再次冲孩子发脾气，还是会对那个小家伙恶语相向。一个朋友突然有一天给我打电话，他说："请告诉我，我没有对西娅造成永久心理伤害。"他那 3 岁的女儿向他索要心爱的毛绒考拉，在苦苦央求了 90 分钟后终于爆发了睡前剧烈的坏脾气。最后，他吼骂着把考拉一把扔给女儿。我安慰他说，女儿不会有事的。这是几年前的事了，现在我很高兴地告诉大家，她女儿身心非常健康。

　　这位平日里育儿参与度高、通情达理的父亲会对女儿发脾气，对此我一点也不感到惊讶，因为这很常见。此外，就寝时间是一天之中最容易招致坏脾气的时段之一，还有其他几个紧张时段，如吃饭时间、洗澡时间等。至于如何在这些臭名昭著的黑暗时刻防止坏脾气的爆发，我将会在第 10 章揭晓。

第 *10* 章
一天中的难熬时刻

孩子的坏脾气并非在一天中的所有时段都一模一样，有时一切风平浪静，有时让你度日如年。绝大多数家庭一天中的难熬时段都大同小异，基本集中在早晨、出门、吃饭、洗澡、就寝这几个时间段。本章汇总了一些小贴士，帮助家长渡过难关。注意，请将这些小贴士视为短期策略，安抚孩子坏脾气最有效的方法在于深入了解孩子的发育特征，将实用策略与爱和规矩相结合，并勤于反思自省。

"马上去睡觉，快点儿！"

每个家长都知道，孩子的坏脾气并非在一天中的所有时段都一模一样。有时候一切风平浪静，以至于你差点忘记了你那学步期或学龄前的孩子还有小恶魔的一面。有时你度日如年，孩子一波又一波的情绪崩溃让你措手不及，你最后一丝理智淹没在了泪水、鼻涕和口水中。

绝大多数家庭一天中的难熬时段都大同小异。我在接下来的几页将这些时段做了汇总，同时附上我精心总结的小贴士，帮你渡过难关。注意，请务必将小贴士视为短期策略，安抚孩子坏脾气最有效的方法在于深入了解孩子的发育特征，将实用策略与爱和规矩相结合，并勤于反思自省。这些内容在本书前面的章节均有介绍。如果你读到了一种策略，想对它有更多的了解，那么你可以再次阅读第8章，那里有更为细致的阐述。

早晨

很多孩子并不喜欢早起，这一点再明显不过，但往往被家长忽视。的确，有的孩子习惯早起，活脱脱一只走鹃。但有些孩子需要足够的时间才能慢慢醒来、慢慢适应日光，最终接受地球绕着自转轴又完成了一次自转这个事实。

由于磨合不佳，很多孩子早晨刚醒来便开始发脾气。家长早晨往往有很多事情要做，他们会用问题和命令敦促孩子，而孩子却完全不在状态。孩子刚起床不久，妈妈就连珠炮似的轰炸他，让他措手不及："过来，让我抱抱。你睡得怎么样？早餐想吃什么？今天你有音乐课。我带你去尿尿。"刚起床的孩子感到不知所措，而不知所措的他很容易脾气失控。在另外一种相反的情形中，早早醒来迫不及待跑下床的是孩子，睡眼惺忪不愿说话的是家长。孩子不等天亮便滔滔不绝提了一堆要求，家长几乎无法理解，更不用说满足这些要求了，因此也导致了孩子早餐前脾气失控。

等所有人都起来了，真正的挑战就开始了。早晨孩子需要完成大量任务，但是他本人可能并不情愿（刷牙是其中一个颇为棘手的任务）。你也有很多不情愿的任务。孩子需要完成他不情愿的任务 + 你需要完成你不情愿的任务 + 时钟嘀嗒作响 + 挥之不去的疲惫 = 酝酿坏脾气的沃土。

既然我们可以预见到这一点，那么当早晨的坏脾气列车匆匆驶来时，我们如何及时躲避它呢？答案就是未雨绸缪。

尽量保证孩子晚上有充足的、高质量的睡眠。我知道，这说来容易做来难，而且它也不是本书的重点。然而，鉴于睡眠的重要性及其与坏脾气的相关性，本章的最后将重点讨论就寝时间的相关问题。

> 绝大多数家庭早晨紧张的时间安排是导致坏脾气灾难上演的催化剂。

提前安排。如果早上的部分任务可以在前一天晚上完成，那就提前准备好：为孩子准备好第二天要带去学校的午餐，为他或你自己提前挑好衣服。

你在早上越放松，就越能走进孩子的内心，越能清晰把握他的情绪和精力状态。

清晰把握孩子的情绪和精力状态。如第 6 章所述，一天中的棘手时刻是你最需要"懂"你的孩子的时刻。你和孩子早晨的首次互动会为接下来的时刻、为一整天定下基调。如果孩子脾气暴躁、不在状态，千万不要对他摆出一副营队辅导员的姿态，也不要没完没了地开玩笑。你应该让他慢慢缓过神来，跟着他的感觉走。如果孩子看起来已经做好了拥抱这个世界的准备，那就尽你所能对他表示出热情的支持，回答他的问题，和他一起满怀期待拥抱新的一天，千万不要"扫他的兴"，做败兴的人。

如果上述情形对你不成立——你的孩子每天早晨都像新生的幼犬一样吵闹不休，而你只有在灌了咖啡之后才能想起自己的名字，那么可以选择其他时间来讨论这个问题，制订出一个对你和孩子都有效的计划。

我的一位名叫汉娜的咨询者对她 3 岁的儿子杰森解释说，妈妈醒来之后总是需要 5 分钟的独处时间，这段"妈妈独处时间"真的非常重要，之后她才能进入妙趣横生的"妈妈－杰森时间"。杰森想出了一个绝妙的主意：如果在这 5 分钟之内，他完全消失了呢？于是，他们发明了这个完美的晨间游戏。汉娜起床之后会先设一个计时器，这个时候杰森就趁机躲起来。5 分钟过后，计时器响起，汉娜就会开始寻找杰森。找到儿子后，母子会互相拥抱，开启新的一天。往日里每天上演的坏脾气——杰森大清早闯进妈妈房间，让妈妈感觉憋屈和沮丧，反过来又导致杰森产生自责和被排斥感——基本上不复存在，新一天的开始变得风平浪静，母子间情感相通、其乐融融。

制作一个晨间作息表，把所有待完成任务都包含其中。不要只在脑海中构想要完成的事项，一定要写出来配上图片，然后挂在墙上，这样你的小家伙就能"读懂"它们。把孩子早上需要做的所有事情列出来：起床、上厕所、刷牙、吃早餐、穿衣服、梳头、穿袜子、穿鞋子，等等。当你们要做一件事时，就指向相应的图片。如果孩子年龄大，那么可以使用白色书写板，以便他检查自己是否完成了每项任务。

● 针对手头的每一项任务，使用策略性关注，即对孩子正在做的任务给予评价，而非没有做的任务。

● 多提供几个选项，这样可以让孩子拥有他渴望的自主性。他想用紫色的还是绿色的碗来盛麦片？他想穿红色袜子还是蓝色袜子？

● 引入歌曲、游戏、竞赛或赛跑等形式让枯燥或费力的事项变得妙趣横生。穿裤子可算不上一件让人兴奋的任务，但是比赛谁先穿好裤子则是一个有趣的挑战。

● 借助孩子最爱的玩具或物品帮助孩子完成任务："你的泰迪熊肯定喜欢看你刷牙的样子，我们带上它好不好？我们先刷完你的牙，然后再给它刷。"

● 随时准备转移注意力或使用幽默的策略。例如，可以通过让你那学步期或学龄前的孩子帮你穿鞋或刷牙，让局势发生出其不意的转折。

● 设定每日奖励，只有在孩子完成所有任务后才给他这个奖励。从时间角度看，这个奖励颇有意义，它可以提升孩子高效完成早晨各种任务的动力。例如，如果孩子完成了所有任

图片形式的作息时间表可以使你家的早晨时光有条不紊，没有坏脾气的烦恼。

务，那么可以奖励他自由玩耍的时间，或者让他看一会儿电视，或者奖励他一件特殊的"差事"：让爸爸陪他去学前班。

出门

如果你家里有一个或多个孩子，那么出门的感受就像是参加了一场环法自行车赛，或攀登珠穆朗玛峰，当然你也可以把它比作任何具有挑战的事。这个时段也是引发坏脾气的典型时段。为什么？首先，我们个人的期望在这方面有很大的影响。对家长来说，出门就是一瞬间的事，花不了多长时间。然而，对于学步期和学龄前儿童来说，走出家门本身便是一种活动。

我在职业实践中常常见证这种现象。为了保证自己能准时上班，家长必须在早上 8：45 前把孩子送到托儿所。从家到托儿所需要 15 分钟，所以这位家长计划在早晨 8：30 离开家门。我会故作无知地问他："这意味着你必须什么时间开始离家？"家长对我这个问题一头雾水："你说的'开始离家'是什么意思？"

我从来没有见过哪个孩子能将从"快点，亲爱的，是时候出门了。"到"太好了，我们出发了！"的间隔压缩在 10 分钟之内。出门是一个过程，它包含的任务远比你想象的多。

首先需要穿好鞋（你自己的、你的小家伙的），你必须带上自己所有的物品（手袋、钱包、钥匙、手机、地铁卡），你必须带上孩子所有的物品（午餐、零食、尿布、湿巾、面霜、纸巾、玩具、书以及他喜欢的其他稀奇古怪的东西），你还要视情况决定要不要给他穿上外套（考虑天气和温度）。此外，你还要考虑要不要让他坐婴儿车或安全座椅、要带哪些东西以供他到达目的地后使用，等等。虽然具体细节每个家庭各有不同，但是总体上大同小异。离家的过程涉及多项任务，但我们总是忘记分配足够的时间。任务越多，分配的时间应该越多。

> 如果你想遏制孩子潜在的坏脾气，那么不要将出门视为一瞬间的事，而应将其作为一个过程来对待。

其次，离家是场景的转换，而这个转换对学步期和学龄前儿童来说是出了名的难熬。在孩子眼中，任务更替——从一项活动（玩耍或吃早餐）过渡到另一项活动（走出家门）——是一件颇为困难的事情。这需要大脑前额叶皮层的执行功能发挥作用，幼儿脑部的这个区域还处于发育的初期阶段。

最后，离家通常意味着家长需要去完成某项任务或准时赴约。家长可能要准时上班，或孩子要去幼儿园，也可能是某个家庭成员约了医生，或者要在某个特定时间之前完成一系列差事，等等。即使家长起初没有丝毫不耐烦，但也会随着时间的流逝变得越来越急躁。然而，孩子对于时间毫无意识，对时间的重要性也一无所知，所以他也就无法理解为什么要如此慌里慌张。随着"必须马上出发"的时刻越来越近，家长变得越来越紧张、越来越急不可耐、简单粗暴。

Q 我的小女儿的动作慢得出奇。说实话，她发脾气似乎主要是因为我们催着她做这做那，她明明可以加快节奏，但非要慢慢吞吞！

A 的确，学步期和学龄前儿童行动迟缓。当你让他们加快动作时，他们总是左顾右盼、慢慢吞吞，在脑海里设想各种游戏，这些都拖慢了他们的节奏。"妈妈，我要在楼梯上保持一动不动，直到那条龙告诉我可以下楼了。不是你哦，是那条龙。"虽然我们非常希望孩子有时间观念，但很可惜，他们对此一无所知。而且，一旦他们知道我们急着要去赴约，他们可能还会故意磨磨叽叽，企图自己掌控局势。

本章，我们讨论了要给场景转换时段分配足够多的时间，也提供了应对这种情况的一些更为具体的策略，包括游戏、赛跑，等等。然而，此处我想从全局的视角强调一点，虽然这有点颠覆的意味，但我认为我们的小家伙在放慢节奏方面是大人的榜样。

我们是否别无选择，确实需要按时去某个地方？很多情况下的确是的。但也有些时候，我们并不急着出门，却要表现出一副急急忙忙的样子。与小伙伴相约一起玩，迟到了5分钟要紧吗？或者，到达游乐场的时间比预计的晚1小时，这要紧吗？并不要紧。在这些情形下，因为墨守成规而内疚的是我们，不是孩子。学步期和学龄前儿童用好奇和敬畏的眼光看待世界，我们成年人恰恰忽略了这一点。有一天，我把孩子们从车里抱出来吃晚饭，这时亨利指着日落的景色说："妈妈，看，真漂亮啊！"我对他表示了感谢，因为他让我放慢节奏，看到了生活中的美。

将所有的策略汇总整合，我们就能得到预防坏脾气的良方。再次强调，由于需要完成的任务很多，我们给学步期或学龄前儿童提出了太多要求：做这个、别做那个、在这里等着、跟我来、快点。过多要求容易导致孩子的强烈反抗，带来亲子间的较量，最终导致坏脾气的爆发。孩子场景转换时的不适、家长的高度紧张、从一开始就没有分配足够的时间，种种因素的叠加导致了孩子情绪的崩溃。以下是一些应对出门问题的有效策略：

1. 未雨绸缪。出门之际，未雨绸缪包括了几个方面，其中最重要的是提前预留足够的时间。任务越多，预留的时间应该更充足。规划一天的行程时，至少留出 15 分钟用于出门。

2. 在门口放一张图示，列出走出家门之前需要完成的各项任务。

3. 勤加练习！我可没开玩笑，选择一个轻松的时间，和孩子一起练习出门，将其变成一个有趣的活动或一个游戏。孩子练习的次数越多，出门时的状态就越好。

4. 出门之前给你的小家伙提几次醒——出门前 10 分钟提醒一次、5 分钟和 2 分钟各提醒一次。提醒的形式包括口头表述、举起手指、设置计时器。确保你的孩子能够听到并理解这些提醒，千万不要只是冲着走廊扯着嗓子喊上一句"5 分钟！"然后指望这个信息能够准确无误地被孩子接收并执行。

5. 准备出门时，唱一首经常唱的歌，这首歌可以是关于出门的，也可以不是，你的孩子总会将特定的歌曲与手头的活动联系起来。（此时需

要进行的活动即走出家门）

6.通过以下方式将孩子的感受表达出来。

● "你看起来有点沮丧，是吗？因为你真的很不情愿把手头上的事停下来。本来你玩得很开心，现在却必须出门，这确实很令你难受。"

● 借助孩子最喜欢的玩具或物品来描述情况："你的消防车玩具知道你要出门，它也很难过，但是它很期待晚些时候再与你一起玩耍。"

● 把必须完成的活动比喻成某个角色："我恨你，非要出门的小泰迪！"或者"为什么你总是不让我玩，你个非得出门的小劳伦！"①

7.运用策略性关注一定要多加注意。如果你那小家伙知道他的坏脾气或引发坏脾气的行为能够让你们推迟出门，那么他会继续坚持这些行为。这种心态经常在穿鞋或穿外套时产生，当你给学步期的孩子提出这种要求时，哪种情况能让他赚取你更多的关注——是他乖乖穿上呢，还是拖拖拉拉呢？

8.留心观察出门——尤其是一天中的某个特定时间，比如早上出门——对你那学步期或学龄前的孩子意味着什么。例如，这是不是意味着他必须去托儿所，而你必须去上班？如果确实如此，那么你需要正确处理即将发生的、不可避免的亲子分离在坏脾气互动中所起的作用。回想第6章中的米娅，她与母亲帕姆的关系越来越糟糕，妈妈送她到学前班时，她的情绪崩溃也愈发严重。如果亲子分离与坏脾气有潜在的相关性，那么你应该在这个时候重点使用关爱策略，努力加强亲子间的情感联结。

---

① "非要出门的小泰迪"和"非得出门的小劳伦"是作者对这种表达策略的举例，给"过渡"这个煎熬的过程取一个可爱的名字"小泰迪"；给"必须出门"这件不容易做到的事情起一个可爱的名字"小劳伦"。

吃饭

幼儿的坏脾气爆发常和吃饭相伴相生，这一点不足为奇，其原因与我们之前的讨论大同小异。

首先，学步期和学龄前儿童吃饭前总是饥肠辘辘，血糖下降，导致坏脾气的激增。

其次，家长通常对孩子的饮食特别投入和上心，家长想要确保孩子健康，而摄入营养的食物是健康的前提条件之一。许多家长为孩子精心准备了食物，希望孩子爱吃、多吃。如果小家伙不肯吃，家长就会觉得孩子是在针对他，这极有可能招致坏脾气互动。记住第 4 章中的这句话：期望是一种正在酝酿中的怨愤。

第三，家长和幼儿一起吃饭容易将焦虑感传递给幼儿。饮食话题容易给成年人带来焦虑（食品安全、身体形象等），而孩子总会感受到家长的焦虑。

第四，和本章所述的其他时段一样，吃饭时间也是一种高要求的时段。在短短的时间内，幼儿接收许多指令，这意味着孩子要放弃他喜欢的活动，投身于另一个活动。

最后，从生理的角度来说，人们根本无法强迫他人吃东西，小孩子是能感知到这一点的。孩子很清楚，无论你想让他吃多少，进食量的控制权最终还是把握在自己的手中。一旦理解了这一点，孩子就会意识到自己可以为所欲为，这让他兴奋不已。学步期和学龄前儿童的控制欲几乎压倒其他一切渴望，在吃饭时孩子想要夺取控制权也就不意外了。

基于上述所有原因，孩子的吃饭时间就会变得非常煎熬。我要先做一个简短的提醒，以下建议主要适用于身体健康的学步期和学龄前儿童。对于那些过敏体质或有其他疾病的孩子，饮食和食物摄入不是一件易事，我建议家长带孩子咨询专攻营养或行为问题的医生。

1. 我赞同，并向我的咨询者们推荐埃林·萨特研究所（Ellyn Satter Institute）提出的"责任分工"原则，即家长负责决定食物的种类、吃饭时间和地点，孩子负责决定吃不吃、吃多少。换言之，吃饭的时间、地点和食物种类由家长说了算。例如，晚餐时间为下午 5：30~6：00，地点为餐桌，你给孩子准备了鸡肉、意大利面和豌豆。然后，孩子可以决定自己吃不吃、每种食物吃多少。事实证明，这种方法不仅可以帮助孩子发展出健康的饮食观，如学会解读身体对于食物摄入的信号或需求，而且还可以大大减少吃饭时的亲子较量，进而减少孩子的坏脾气。如果你也决定采用这种方法，那么你要给孩子准备至少一种他最喜欢的食物，这样可以确保他不会因为讨厌所有的饭菜而什么都不吃。所以，控制权还是在你手中，而且只在你手中。

2. 我承认，在我们家，亨利经常把甜点当作开胃菜在饭前吃。以前，我只是在晚饭吃到一半时会允许他吃些甜点。在吃过种种苦头以后，我意识到如果不这么做，他会不停地要甜点，甚至只吃几口饭就不肯吃了，而我知道他肚子并没被填饱。与其上演一场亲子较量——只有在吃了多少口蔬菜之后，才能够吃甜点（这很有可能导致孩子对本该喜欢的食物产生厌恶感）——我选择允许亨利在想吃的时候吃少量甜点。吃完甜点之后，因为没有了对甜点的强烈渴望，亨利通常会吃下比往常更多的食物。我们有必要告诉孩子的是，有些食物比另一些食物更健康，这意味着我们对不同的食物应该有不同的摄取量，但大可不必在这些食物的摄取顺序上过于纠结。

3.反思自己是否有饮食方面的焦虑。家长要对自己的问题和孩子的问题予以甄别。我曾经接触过很多家庭，父母需要先理清自己在食物、身体形象或者其他相关问题方面的"心结"，才能更好地应对他们的小家伙在一天中这个时段的坏脾气。

4.如果要帮孩子习得吃饭时的特定规矩，家长要考虑自己的示范作用。如果你自己对尝试新食物不感冒，或者在饭桌前撑不过5分钟，那么可以肯定，你那学步期或学龄前的孩子会效仿你。

5.不要让食物成为用餐时的焦点！这听起来可能有悖常理，但的确有它的道理。毫无疑问，用餐时间我们肯定要吃东西，但这并不意味着我们关注的焦点只能是食物。如果吃饭时大家只谈论食物，或只围绕吃什么讨价还价，大家都会感觉很无聊。理想情况是大家快乐地坐在一起吃饭。研究表明，全家人一起吃饭对孩子会产生多方面积极影响。虽然不可能每顿饭都如此，但从现在起打好基础却不晚。

6.我想再引入一个关于零食的简短说明，虽然它并不一定针对用餐时间，但也可以归到饮食范畴中。我们可以用多种途径管理孩子的零食，想清楚是否允许孩子吃零食，如果允许，那么什么时间可以吃，吃哪种零食，等等。家长可以选取两三种零食，允许孩子在一天之中的任何时间享用（除去饭前一小时或晚上刷牙之后）。这些零食应该是从营养角度考虑完全健康，即使孩子狼吞虎咽也不必太过担心的食物。如果你的孩子四五岁

> 如果你不把吃饭看成严格的营养摄取的过程，那么吃饭时间的亲子冲突就会大大减少。

了，你也可以在冰箱中专门辟出一块区域存放这些零食，允许孩子随时拿取，从而让他获得他想要的自主权。

通过以上这些方式，身为家长的你不用再担心孩子因为吃东西这个问题而发脾气、饿肚子了。这么多年来，我已经看到了许多家长为此困惑不已。

洗澡时间

在这个讨论一天中最艰难时段的章节中，我们不得不提到洗澡时间。有些孩子迫不及待地冲入浴室，也极不情愿离开浴室；有些孩子勉为其难地进入浴室，但是走出浴室时却心情大好；当然也有一些孩子就是很讨厌洗澡；还有不少孩子一阵子喜欢洗澡，一阵子又讨厌洗澡。上述偏好在某种程度上与水有关，但喜欢洗澡的孩子并不一定就喜欢游泳或热衷于水上游戏，反之亦然。

如果你孩子的坏脾气是因为讨厌水，那么就不要频繁给他洗澡。除非他浑身是汗、在泥里跑来跑去、用颜料在肚子上乱涂乱画、浑身臭气熏天，否则无须强制他洗澡。在许多国家，人们根本就没听说过每天要洗澡这种说法。如果洗澡能够抚慰孩子的睡前情绪，成为入睡前的重要仪式，那么尽情享受它吧。然而，如果洗澡对你和孩子是日复一日的折磨，那么无论是从医学还是从卫生的角度考量，都没有必要强迫孩子和你经受这种煎熬。我有一些客户表示，我提出的使他们的生活质量迅速提高的一个简单建议就是每周只给孩子洗三到四次澡。

无论孩子是否讨厌水，进出浴室都是场景的转换，所以本章所述的关于场景转换的所有内容在这里都适用。所以，我提供的策略也与上文相同——游戏、竞赛和赛跑，以及通过各种方式帮孩子将感受表达出来。

> 孩子并不一定要每天洗一次澡。

1. 把洗澡过程中的部分控制权交给孩子，包括以下几点。

● 调节水温。

● 选择浴垫、浴巾和毛巾。

● 选择肥皂的颜色或香味，挑选洗发水。

● 自己清洗身体的某些部位。

● 自行决定先洗哪里、再洗哪里。

2. 利用玩具或小道具为洗澡增添乐趣。

● 借助浴剂改变水的颜色。

● 用蜡笔和颜料作画。

● 把孩子最喜欢的玩具放入浴缸。

● 泡泡浴中加入孩子最喜欢的香味剂。

● 加入沐浴气泡弹。

3. 事先用定时器设好洗澡的时间。

4. 尽可能压缩场景转换的时间。

> 对于学步期和学龄前儿童来说，场景转换的次数越少，触发坏脾气的机会越少。

例如，晚餐后直接来到浴室，脱掉小家伙的衣服，不要在他的卧室停留。这听起来只是一个微小的调整，但却减少了一个场合（卧室）和两次场景转换（从餐厅到卧室的转换和卧室到浴室的转换）。一般来说，减少场景转换的次数往往能避免触发孩子的坏脾气。

就寝时间

终于到了就寝时间！首先有必要谈一谈，终于熬到一天结束，孩子马上要睡觉时你的兴奋心情。孩子能够察觉父母的情绪，我也目睹了家长的兴奋心情是如何把本该心平气和、情感联结的就寝时段变成了孩子坏脾气爆发的噩梦。我一次次在客户身上亲眼见证，我还在自己家里、在两个孩子身上也亲眼目睹，虽然这说出来并不是什么值得自豪的事情。养儿育女是一项艰难的任务，无论我们多么喜欢小家伙，我们都不得不承认，有时候我们会盼望孩子赶快睡着。我已经学会了接受这个事实，而不必感到内疚。

根据我的经验，就寝时间之所以会出现坏脾气，主要原因在于亲子之间的不同步：疲惫不堪的孩子希望得到家长的关怀，而家长却因为筋疲力尽、缺乏耐心而无法满足孩子。在一天结束的时候，睡觉之前，学步期和学龄前儿童对家长的关怀更加渴望，而家长却早已经不耐烦了，家长疲惫不堪、无精打采，满脑子盘算如何欢度孩子睡着后宝贵的独处时间。因此，在孩子最需要家长的时候，家长无法给孩子提供应有的"爱"：无法走进孩子内心、无法与孩子联结。与此同时，由于家长过于疲惫，无法清晰明确地执行规矩，可能会犯诸如"好吧，好吧，那就再给你多读一本书吧"之类的错误。于是，孩子产生了被家长忽视和敷衍的沮丧感，不肯睡觉，挑战家长的底线。家长已经没有精力纠正孩子，因为家长实在太累了。直到忍无可忍，接着孩子脾气失控，最终——砰！坏脾气爆发了。那么该如何应对这种恶性循环？

1. 尽量在睡觉之前调整好心态。要想使就寝时段平稳度过，就不应该把它视作"一件尽快了结的任务"。应该把它视为马拉松的最后一公里，或者长时间攀登中最后一段朝着顶峰的冲刺。在这个艰苦旅程的最后一个阶段，你绝不能放弃，而要尽你所能挖掘所有剩余的精力，激发超乎自己想象的潜力。

你可以在脑海中设想一场赛跑或攀登一座山；也可以用片刻的时间强制自己立在原地、静静感受脚扎根地面的感觉；还可以借助深呼吸、暗语等策略进入短暂的全身心冥想。在就寝之前，抽出一两分钟时间，做一些有助于集中注意力和稳定情绪的事情，这样你就能更好地陪伴孩子左右，走进孩子内心。

记住，他还是个小家伙，他的大脑已经超负荷运转了。他需要外界的帮助才能安静下来，考虑到对你的依恋，他会向你求助。如果你无法理解他的内心，或者你本身情绪很不稳定，那么他很难平复心情，而平心静气是他缓缓入睡的前提。

2. 作息习惯相当重要，虽然你已经听过无数次了，但这里我还要再次强调一遍。每天晚上睡觉前你可以和孩子完成一系列预先设计好的活动。你可以读上一两本书，或者编一个以孩子为主角的故事；你可以唱一首孩子最喜欢的摇篮曲；你可以和孩子轮流讲述一天中最快乐的时刻。你也可以——尤其是在你和孩子一天没见的情况下——列出在你们分离期间你想他的三个时间，同时表达出你当时的所思所想。例如，"我在吃

> 学步期和学龄前儿童需要依靠亲子之间的情感联结调整自己的情绪、顺利过渡，渐渐平复心情，直至睡着。

午餐的时候想到你可能也在吃午饭，我好希望能抹去你下巴的面包屑并听到你的傻笑"。为孩子的良好睡眠打好基础不仅要求我们心平气和，还要巩固亲子间的情感联结。

3. 同理心在就寝时间能起到关键作用。你还记得小时候你的父母要求你睡觉的情形吗？非常糟糕，对吧！作为家长的我们，几乎不记得自己小时候也很讨厌睡觉，但是我可以保证，你小时候肯定这样想过。当你还是个孩子的时候，世界在你眼中如此精彩纷呈，让你眼花缭乱，你觉得睡觉是浪费时间，觉得如果睡着了会错过很多有趣的经历，你甚至盼望长大后可以熬夜。

如果你从你那小家伙的身上察觉到了这种心态，那么要让他知道，你理解他。告诉他，你小时候也很讨厌睡觉。给他一个拥抱，跟他说："我知道，跟今天说再见，等到明天再玩确实不是一件容易的事。你很想晚点睡，想要更多精彩的经历！亲爱的，明天会更加精彩。现在睡觉的时间到了。"

4. 在关灯之前做好周全的准备，让房间保持黑暗也是睡眠专家们强烈建议的一点。如果孩子可能要喝水，那就事先准备好；如果你那接受过如厕训练的孩子半夜想要小便，那么让他养成睡前上厕所的习惯；如果孩子需要安抚物的陪伴才能入睡，那么在孩子睡觉前就将安抚物准备好。

如果你对于在就寝时段给孩子立规矩感到很为难，那么请记住10~12小时连续不断的高质量睡眠对于学步期和学龄前儿童的健康和大脑发育至关重要。当他在晚餐时提出要吃小熊软糖和巧克力时，你不会让步，同理，在按时睡觉方面也不要让步。

　　5.不要陷入这种常见的误区：因为害怕"养成某种坏习惯"而不敢与孩子建立真正的情感联结。举例来说，如果坐在孩子的床边，在他渐渐入睡时给他的背部按摩几分钟有助于孩子不哭不闹地顺利入睡，那么这样做是没有问题的。我曾见过几位家长，他们过于担心孩子没有家长的陪伴便无法入睡而陷入了不必要的极端，错过了安抚孩子的机会，而只有安抚了孩子，才能让每个人睡个好觉。

　　做到了这些——你便成功了！你终于熬过了这一天，而且竭尽全力。在新的一天开启之前好好放松一下吧。因为，我可以向你保证，新一天的早晨来得比你想象的还要快。

第*11*章
缓解棘手场合中的坏脾气

孩子的坏脾气在一天中各个时段呈现出不同的特征，同样地，在不同场合坏脾气的表现形式也不尽相同。以同样的表现方式开始的坏脾气可能会以不同的方式收场，这取决于孩子所处的场景。本章分析了某些特定场合如何影响坏脾气的发展轨迹，并告诉家长，对此能做些什么。

"我们可以又订外卖当晚餐吗？
（逛超市计划再次取消）"

　　孩子的坏脾气在一天中各个时段呈现出不同的特征，同样地，它在不同场合的表现形式也不尽相同。以同样的表现方式开始的坏脾气，比如几声强烈的抗议外加几次跺脚可能会以不同的方式收场，这取决于你那学步期的孩子所处的场景。他是在你家客厅还是亲戚家的客厅？是在操场、超市还是餐馆？为什么会有这些不同？某种特定的场合是如何影响坏脾气的发展轨迹的？更重要的是，我们能做些什么？

　　根据本书的观点，坏脾气在很大程度上是幼儿与家长直接互动的产物。因此，如需探明地点或场合对亲子之舞的性质和结果所产生的影响，我们需要从参与者，即孩子和家长的视角进行分析解读。我们先从孩子的视角开始分析吧。

某些场合是如何导致孩子情绪崩溃的

　　对幼儿来说，陌生的环境可能会给他们带来过大刺激，引起他们的不安或焦虑。如果学步期和学龄前儿童感到焦虑，他们会被压垮，无法有效调节自己的情绪。

陌生的环境

　　这种情形可能会发生在任何地方，从操场到亲子课，从生日派对到家庭聚会或大型仓储式超市。大型仓储式超市是个很好的例子，成年人身在其中都有可能无所适从，可以想象其超大规模和迷宫一样的设计会给孩子带来什么样的困惑。在迷宫一般的大型超市里，把孩子放在购物车的前面，拐弯的时候车轮吱吱作响似乎要翻倒，这很大程度上会引起孩子的不安。

　　我们可以分析一下性格在坏脾气爆发时所起的作用。有些小家伙很享受在拥挤的生日派对中成为所有人的焦点，而也有一些小家伙（如第 5 章的苔丝）属于慢热型，当然也有一些孩子想要避开所有的生日派对。你的孩子在脾性频谱上的位置在很大程度上决定了他情绪崩溃的概率。

重重诱惑

　　某些场合是出了名的容易招致坏脾气，它们有一些共同的显著特征：这些场合会带来过大的刺激、较为陌生、充满诱惑。在诱惑面前，孩子会忍不住挑战规矩。有些诱惑显而易见，例如商店里出售的糖果和玩具，它们有时被置于单独的一排货架上，但更多情况下被故意放在顾客必经的地方，如结账队伍的两旁。这就像是耀眼的霓虹灯在给孩子下令：问问你的家长，看看能不能买下我。要是家长不给买，那么立刻大哭大闹。

　　在其他更为微妙的场合中，诱惑并不一定是孩子渴望带回家的物品，

> 将一个学步期的孩子置于充满诱惑的环境中，那么就等着看他挑战规矩吧。

但是由于它太过迷人，孩子会被吸引，禁不住摸上一把，如装有螺丝和螺栓的箱子，或者忍不住拍一拍，如清洁用品区域的鸡毛掸子。我最近听说一个小女孩坚持要把药店箱子里的每块海绵都挤一遍才肯挪步。为什么挤海绵会有这么大的诱惑力呢？因为幼儿喜欢感官上的刺激，他们钟爱颜色鲜艳的物品、黏糊糊的东西、有趣的声音以及闪闪发光的物品。他们一心想要触摸、把玩、抛掷或轻抚这些物品。当然，家长会用各种形式的"不"或者"别这样"禁止孩子的行为，这会导致孩子对规矩的挑战，陷入坏脾气风暴。

当然，充满诱惑的不仅仅是商店，别人家里同样也诱惑多多，因为其中充满了各种新奇的事物。那些没有设置儿童安全屏障的场合也相当诱人，那里可能有陡峭的楼梯、精美的瓷器和其他各种新奇的东西。只适合大孩子玩的游乐场也可能成为雷区，玩伴聚会或生日派对也是如此，各种美食摆在眼前而且还够得着，而孩子们在得到允许之前却根本吃不到。

规则、规则、更多的规则

上述每种情形都揭示了容易招致孩子坏脾气的场合的第三个特征：这些场合要求孩子遵守不同的规则，且往往需要同时遵守。有些场合可能有令人眼花缭乱的物品，有些场合可能人头攒动，有的场合可能需要孩子立在原地不动，有的场合又需要孩子行动迅速。这些场合很容易辨识，因为其中回荡着家长不停的唠叨，"小心！""停下！""这边走！""我说了，这边来！""我不是告诉过你要待在我身边吗！""别喊了！""答案是不行！""你根本没有耐心听我说话！"有些场合没有过多的条条框框，但是可能有一条对所有人都很重要的规则："不管你做什么，你绝对不能碰姑姥姥玛莎收藏的古董花瓶。虽然她知道我们每个感恩节都会去她家，而且也知道你喜欢摸那只花瓶。但是她仍把花瓶放在了与你的眼睛平齐的地方。"如果我们对孩子提出的要求超过了孩子所能承受的极限，或过于强调某条规矩，那么就等于在煽动孩子一触即发的怒火。

如果我们通过小家伙的视角看世界（我们正在孜孜不倦地学习这种能力，直到将其发展为一种习惯），那么我们可以发现，这些容易触发坏脾气的场合有一些共同特征。它们对孩子的感官有过大的刺激，充斥着诱惑，而且需要孩子遵守特定的规矩。那么，如果我们只从自己的视角去看，会是什么样子呢？是否有一些场合是因为我们家长的表现而变得特别棘手？当然有。围绕坏脾气的互动往往涉及双方。

某些场合是如何导致你情绪崩溃的

当孩子和我们一起进入那些有可能增加我们压力，使我们沮丧的场所，或那些我们独自进入时都非常考验耐心的场所时，孩子更有可能发脾气。以车管所为例，每次我去车管所的时候，都会看到至少一个小孩在发脾气。是因为车管所刺激太大吗？不是。那么它是个充满诱惑的地方吗？即使按幼儿的标准衡量也不尽然。是否有许多必须遵守的规则？当然有，但是也并不比其他地方多。我推测，车管所极易导致孩子发脾气的原因在于，车管所中的家长往往会陷入沮丧、不耐烦或无助的情绪身处那些让你备感压力的环境中时，你的孩子也极有可能爆发坏脾气。

中，所有的这些情绪都使得家长无法高效抚慰孩子。正如第 4 章所强调的，如果我们本身紧张兮兮、暴躁不堪，那么我们对待孩子肯定也会这样，这就很容易招致孩子的坏脾气。

车管所普遍给人以压力感，然而，还有一些其他场合也让家长备感压力。我有一位对光线极度敏感的咨询者，她发现，无论去哪里都戴着太阳镜在缓解她那学龄前孩子的坏脾气上能起到关键的作用，因为当周围太亮时，她会变得暴躁不堪、很不耐烦。如果嘈杂的人群或者长长的队伍使我们焦虑，比如机场安检或假日购物的场景，那么我们自己在调节情绪方面的困难很有可能是催生坏脾气互动的根源。此处的关键在于你要意识到那些让你烦躁不已的场合，这样你便可以提前采取措施抚慰自己的情绪，进而降低孩子情绪崩溃的可能性。

另外一个源于家长的重要因素是羞耻心。这个因素很普遍。我不知有多少次听到家长抱怨，因为孩子在超市发脾气导致自己"无地自容"，或当小家伙在操场上情绪崩溃时，家长"一心想着赶紧消失"。当家长因孩子的行为感到尴尬或羞愧时，孩子会将其视作亲子间情感联结的割裂。

想想看，如果你满脑子都想着滑梯旁的那位母亲如何看待你的 2 岁孩子，那么你肯定不会站在你那 2 岁孩子的角度考虑问题，而此时可能恰恰是孩子最需要你的时候。如果我们更倾向于同旁观者或对我们的孩子评头论足的人站在同一阵营，而不是与孩子统一战线，那么孩子就无法感受到与我们的情感联结，而后者是让孩子平静下来的关键。

"他当然会大哭大闹了"，我总是本着同理心对前来咨询的家长说出这样的话。"当你对一个陌生人露出不知所措和充满歉意的微笑时，其实你也将孩子置于了一种窘境中"。如果我们因为孩子感到羞愧不已，那么孩子会感知到我们的情绪，或因自己的行为困惑不已甚至惊慌失措。他的情绪会愈发失控，脾气也会越来越糟糕。

不可否认，羞耻感是人类正常的情绪体验，它源远流长。你可以思考一下，为什么学步期或学龄前儿童的行为在某些场合让你觉得无可挑剔，但在另一些场合却令你无法接受。从更广的角度看，我们在不同场合有着不同的行为期待，比如在教堂和游乐场就截然不同，但是这条界限可能会模糊不清。也许你能接受你那 3 岁的孩子在家里吵吵闹闹，但却无法接受他在奶奶家这样做。

如果你的期望没有得到满足，那么你的个人背景、个人经历以及个人坏脾气的导火索会导致你做出不同的反应，也许你会感到些许懊恼、两颊发红、垂头丧气。自我意识又一次起了主导作用。当孩子的坏脾气开始上演时，不妨想一想，哪些因素最有可能引发你的羞耻感，破坏你和孩子之间的情感联结，并最终使坏脾气愈演愈烈。你更有可能在陌生人还是熟人面前感到羞愧呢？是在餐厅、商店、图书馆吗？是在家人面前还是在朋友面前呢？我没有穷尽所有问题，而你的答案也不一定只有一个。我说这些的目的在于引起你的思考，让你能够更清晰地看到，哪些场合引发了你的情感包袱，从而使

> 当孩子开始使性子时，如果你和旁观者站在同一阵营，而不与孩子统一战线，那么孩子就无法感受到与你的情感联结，而这恰恰是他控制自己、避免情绪崩溃的关键所在。

你的孩子尤为难熬。

显然，要想理清哪些场合更有可能导致孩子的坏脾气，增加其持续时间和强度，我们需要考虑很多因素。然而，无论是哪些因素导致场面"非常棘手"，我们都已经探究了普遍的以及更为深层的变量。在坏脾气上演之前、上演之中以及坏脾气过后，你都可以采取某些措施使得局面得以缓和。

Q 我的儿子永不知足。如果我给他一点甜头，他会再多要一个，如果我拒绝他，他的情绪就会崩溃。他的玩具多得数不过来，但是当爷爷奶奶来看他时，他仍会向他们索要玩具！除非爷爷奶奶恰好给他带了一个，否则他就会大发脾气。我怎么才能掐断他的贪念？这太让我尴尬了！

A 哇！这个问题的信息量太大了。

首先，让我们设身处地为你儿子想想。他还是个小孩子，对这个世界的运作规律刚有一星半点的认识。截至目前，他知道比起其他事情，他尤其热爱礼物，也很沉迷于收礼物。你能怪他吗？礼物本来就是很棒的东西，我也喜欢收到礼物。孩子也意识到，有时候他提出要求就能得到想要的东西，所以他尝试在你和你的父母身上使用这种策略。孩子尚未学会什么时候可以索要、什么时候不适合提出这样的要求，而且也意识不到应该对自己拥有的东西心存感激。从本质上讲，幼儿是享乐主义者，如果他们感觉某样东西很不错，他们会不停地想要它，就是这么简单。这是正常现象，绝不意味着孩子贪婪或自私。如果你想让孩子学会感恩，那么你需要给他示范怎样感恩。如第 8 章所述，教育这个年龄段孩子的首选策略便是示范，它不仅适用于普遍的价值观，也适用于更为具体的行为。尝试给孩子读一些关于感恩的书，或者大声说出你所感恩的事情，例如，"经历了漫长的一天回到家真幸福！我很感激我们舒适的家！"

其次，你说爷爷奶奶有时会在拜访时给孩子带礼物，因此他的索要有时会得到回报。只要有时能得到礼物，那么孩子就会每次都索要，间歇性强化的效力压倒了一切。如果你试图教育他不要索要礼物，而要在一旁耐心等待，看看爷爷奶奶是否带着礼物，那么这对孩子而言是个非常苛刻的要求。因为他此时兴奋不已、冲动难忍。总而言之，如果有时爷爷奶奶是带着礼物来的，而你的儿子每次都索要礼物，那么就由着他的性子来吧。

最后，在我看来，你在儿子身上解读的贪婪也是导致你尴尬的原因。对此我的推测是，你对他行为的不满影响了你对他坏脾气的态度，这反过来使得他的坏脾气变本加厉。如果在某个特定时刻我们优先关注第三者（祖父母、游乐场上其他的家长、公共场所的旁观者）的反应，而对孩子的情绪不以为然，那么孩子会感受到这种心态，且将其视为情感的割裂，使坏脾气进一步恶化。

在到达棘手场合之前

预测和评估。这一点向来颇为关键。在你去某地之前，可以根据本章前半部分所列标准，看它是不是一个棘手场合。该场合的诱惑程度和感官刺激会对孩子产生什么影响？其中是否有孩子必须遵守的许多规则？该场合是否会给你自己带来消极情绪？是否会导致你因孩子的坏脾气而尴尬？我们可以在导致坏脾气的连锁事件及种种因素中探寻预防或应对坏脾气的诸多契机。事先预测可能发生的问题，你或许就能阻止这个连锁反应。我在职业实践中听到的关于棘手场合的例子包括超市、药店、游乐场、家庭聚会、酒店和公共交通场所，等等。

有策略地规划好日程。如果你有一系列事情要做，而且还得带着孩子一起，那么你应该规划好出门时间，预留出比你计划所需的更多的时间，以顺利完成出门时的场景转换。同时，也要规划好途中经停点的顺序，备好合理数量的所需物品。提前考虑孩子午睡的时间，规划好吃饭或准备零食的时间及方式。

一般而言，如果你或孩子，或你们两人都疲惫不堪，那么最好避开那些棘手场合。开车办事时，根据地理位置来安排途中各个经停点可能相对容易，也是我们成年人规划事情的方式，但是，根据经停点的"棘手指数"来规划经停顺序更为合理。当然，我不建议你短短一个下午在城里来回穿梭，但是，综合考虑除地理位置以外的其他因素会让亲子之间的互动受益，让大家都能享受更美好的一天。

不要把最后一件事硬塞入日程，尤其当这件事涉及某个棘手场合时。不管你对新灯泡的需求有多么强烈，如果下午的安排已经满满当当了，那么晚饭时宁可点蜡烛也比晚餐前硬拖着你那学步期或学龄前的孩子去超市买灯泡强。我们最好把一天的待办事项适当减少，而不要把行程塞得满满当当，因为后者不可避免地会导致孩子在"最后一站"大发脾气，这也将为晚上的时光定下基调，那往往是一天中最煎熬的时段之一了。你可以随时在网上购买所需物品，这自然引出了下面这点。

善于利用现代科技。如果你居住的区域物流发达，而且你的家庭也能承担相关费用，那么大胆网购吧，它能使你的生活更加便利。例如，如果你的孩子一去超市就大发雷霆，那么不妨考虑网购商品送货上门来避免这些挑战。我不建议你每次都这样做，因为我们不能向孩子示范如何逃避挑战。我们培养孩子的应对技能、提升孩子韧性的一个主要途径是让孩子经受令人沮丧或难以承受的考验，让孩子知道自己有能力渡过难关。这一点我们也会予以支持。没有任何公式能够指导我们，什么时候可以让孩子体会沮丧，什么时候应该提前阻止，这个问题需要考虑诸多变量。举个例子，如果你最近睡眠严重不足，早晨你的孩子刚参加了一个令人极度兴奋的玩伴聚会，而你近期又因为孩子的饮食问题备感焦虑，那么我强烈建议你还是在网上订购所需物品吧。

相反，如果下午的时光悠闲轻松，每个家庭成员都怡然自得，你手头也没有太多事情，那么去趟超市或许能为你带来外出的乐趣。

学步期和学龄前儿童在应对棘手场合方面需要练习——但是如果某一天你和孩子都很焦虑，那么这样的日子不适合练习。

让孩子做好心理准备，也可以设置奖励。还记得规则及清晰明确的期望的重要性吗？提前告诉孩子，你们要去哪里和你的预期。目的地是什么样子？都有谁会去那里？会不会很拥挤？你们去那里的目的是什么？要在那里待多久？你需要他牵着你的手还是留在你身边？是否需要小声说话？那里是否有什么极富诱惑力的物品（玩具或饼干货架，或是姑姥姥玛莎收藏的花瓶）？其中的重点是讲清楚需要孩子做什么！

如果你们要去商店，那么事先说好是否打算给孩子买东西，如果买，买什么东西。这么做会收到极好的效果。如果你的回答是绝对的"是"或"否"，那么提前说明并坚决不动摇。如果这取决于他的行为，那么也要提前说清楚。为外出设置奖励也是可以的，但前提是要明确获得奖励的条件："如果到了超市以后你能一直乖乖跟在我身边，小声跟我说话，那么走出超市的时候，你可以自己选个礼物。但是，如果这个过程中你让我发出了两次以上的警告，那么这个奖励就没有了。"提前就这些问题与孩子进行简短、随意的谈话，有助于缓解由于过度刺激而带来的焦虑，减少孩子对限制的挑战。这里要认清奖励与贿赂的区别。奖励来自事先的承诺，即在可能的消极行为和挑战出现之前。通过这种方式，你避免了在无意中对不良行为的强化。相反，贿赂发生在不良行为出现之后，因此，它给孩子传递的信号是尖叫、吵嚷、哭闹能够让他如愿以偿。

> 记住：奖励源自事先的承诺，而贿赂是在孩子情绪崩溃之后提供的，这会强化孩子的消极行为。

支持你的孩子。这条建议非常非常重要：当孩子感受到你理解他时，他会做出最佳表现，这对于棘手场合尤为适用。孩子需要知道你是站在他这边的，你在他的身后支持他，而不是等着他出洋相。如果他感觉你不是站在他这边，你的目标与他的相悖；或者他看出来，你在出发之前就已经暴躁不堪或紧张兮兮，那么这极有可能触发他的坏脾气。如果你表露出诸如压力、绝望、无助等情绪，哪怕只是非语言的表露，那么你的孩子能够觉察到，而且会产生同样的情绪，这些情绪很有可能以坏脾气的形式爆发出来。

在面对某个棘手场合时，缓解孩子压力的一种有效方式是给当前的任务起一个妙趣横生、积极向上的名字，例如"妈妈和亚伦的超市历险记""乔纳斯超市之旅"或"史密斯一家欢度感恩节"。可以引入诸如"旅程""探险记""欢乐""精彩刺激"等字眼，让孩子产生美好的联想。"超级棒"这个词的效果最佳。和孩子一起投入其中吧，想一首你们可以边走边唱的加油歌。

做好万全准备。孩子需要借助哪些因素才能保持平和？零食或玩具吗？我们无法预测未来，但可以做好万全准备。

调节好自己的情绪。和孩子进入某个棘手场合前的几秒钟至关重要，在此期间，无论使用什么策略，其根本目的都在于确保自己平心静气。记住，你要做恒温器，不是温度计。深吸一口气，闭目两秒钟，想象让你开心的场景，哼一首你最爱的曲子。采取哪种策略并不重要，重要的是用这些策略让你冷静下来，并激发你的自信心。

> 通过为出行计划命名，将其打造成亲子间的探险之旅能够有效促进亲子协作，加固情感联结。

在棘手场合中

现在你们终于到了棘手场合。你已经做好了万全准备，现在你正处于这个场合中，你深知这里充斥着各种挑拨孩子坏脾气的隐形精灵，它们一心筹划着如何让你的孩子在离开之前彻底崩溃。以下是一些反击策略。

调动孩子的参与感。 听起来小菜一碟，因为理论上的确如此。棘手场合是你和孩子就他的兴趣展开讨论的绝佳时机。让他再给你讲一次他最喜欢的笑话，或讲讲他周末看的《汪汪队立大功》的内容，或说说他万圣节想要扮成什么。注意，不要从自己的兴趣出发问问题，问题也不能太过笼统，例如最近他在幼儿园都做些什么，因为这很有可能换来一堆"我不知道"或简单的"是"或"否"的回答，又或者是孩子茫然的表情。所有这些都无法激发孩子的参与感，而且很有可能会加剧你的沮丧，最终导致孩子的坏脾气。有时候，笼统的问题会给幼儿带来压迫感，而孩子对陈述性的表达往往有更好的响应。最近，我告诉亨利说我很难从电影《海洋奇缘》中选出一首最爱的歌曲，因为《不客气》和《闪亮》都很棒。我们就此展开了一段对话，他告诉我他喜欢什么样的歌曲。但是如果我直接问他，那么我无法想象他会给出这样的回应。

> 和成年人一样，学步期和学龄前儿童喜欢被别人问及自己的兴趣。

玩游戏。 如果普通的对话无法解决问题，那么不妨和孩子换个有趣的活动：玩游戏。让他说出所有与"角"押韵的字，或说出你所给的词的反义词。他可能会喜欢听声音猜动物的游戏，或尽可能多地说出各种颜色。"视觉大发现"也是一个非常适合棘手场合的游戏。做游戏的关键在于让你和孩子积极参与其中、玩得开心，这样他就能避开棘手场合的陷阱，并从坏脾气中脱身。

运用策略性关注。孩子出错的时候，不要动不动就对他说"不"，相反，你要为他做对了的事情感谢他或表示赞赏。"看看你把双手放下来的可爱模样""你能小声说话真是太棒了"或"我真的很喜欢和你在一起，握着你的手"。最后这个表达还有一个额外的益处，即让孩子体会到你们之间的情感联结。

共唱一首歌。合唱的时间越长越好。你肯定知道《巴士车轮之歌》（The Wheels on the Bus）之所以创作出来，肯定有其原因，对吧？

来场赛跑。上文中我已经介绍过这种转移注意力的策略在某些场合中效果很好。显然，你不可能在所有场合都赛跑，但是任何形式的比赛都是幼儿的最爱。试试这样说："我敢打赌，在我数到五之前，你不可能走到那边的汽车那儿。"有时候，小孩子只是喜欢"赛跑"这个词，他们甚至很乐意牵着你的手就跑起来，不用在乎这些。还有，如果孩子稍稍作弊的话，千万不要较真（如"我想从这里开始跑"，结果你发现他说的"这里"是你前面 10 米远的地方）。此时此刻，我们的目标是阻止孩子的坏脾气，而不是扮演裁判，后者可能会激起孩子的怒火，让局势变糟。

"我敢打赌"是万能金句。如果你跟学步期和学龄前儿童"打赌"他们做不成某事，他们会和你较劲，肯定会接受你的挑战。身处棘手场合疲惫不堪的家长有无数个打赌的策略，下面是其中的四个例子。

> 如果我们想要调动孩子的积极参与感，那么不要过分在乎细节——"意识"和"规则"并非重点。

"我敢打赌，你不可能跳着呵吉啵吉舞（The Hokey Pokey）走到这条走廊的尽头。绝对不可能！"

"我敢打赌你不知道这是什么颜色。"（指着某个物体说）

"我敢打赌，你绝对数不清我们的购物车里有多少东西。"

"我敢打赌你叫不出这个房间里每个人的名字。"

给孩子布置一些任务。如果孩子将自己视为你的帮手且进入了这个角色，那么他发脾气的概率将微乎其微。你可以提前设计好给孩子的任务，等到合适的时机交给他。如果你们在超市中，那么可以让孩子帮你把东西从货架上拿下来，放到购物车里或放进袋子里。如果你们身处一个家庭聚会，那么可以让孩子帮你拿东西，或者让他提醒你别忘了给某个人说某件事。如果一时想不起该给孩子什么样的任务，那就即兴发挥，比方说，我会让亨利帮我数一数包里的发圈有几个。

帮孩子将情绪表达出来。面前满满一堆诱人的东西却一个也不能拿，这种感觉真的糟糕透顶。真是如此。你应该让孩子知道，你了解他的心情，而且也很欣赏他做出的努力。比方说，他从超市摆满饼干的货架旁经过，却没有哭闹着索要，或者他已经连续两年没有靠近姑姥姥玛莎的花瓶。

根据孩子所提要求的不同，调整你的语调和语气。在棘手的场合，孩子有时候会做出一些让人头痛或危险的事情，确保你的回应和语气反映出这些差异。这样每当你随便说出一个要求的时候，孩子就不会将其解读成无休止的命令或批评。

支持孩子。你可以为外出想几个机智的名字，经常把它们挂在嘴边，经常唱一唱加油歌。你可以通过口头语言、微笑或肢体语言让孩子知道，

你喜欢和他在一起的时光。如果你发现孩子做出
让你觉得尴尬或羞愧的行为，那么上述做法颇为
关键。请注意我的用词：是"你发现"而非"的
确是"。小孩子在棘手场合反应过度、挑战规矩是
因为孩子年龄小，而不是因为心眼坏。那位嘴里
发出"啧啧"声，朝你们露出责备眼神的老妇人
要么是不知道这个，要么是不记得了，而你对此

> 在棘手场合中，无休无止的命令或批评注定会导致孩子的坏脾气。

应了然于心。你那学步期或学龄前的孩子需要你站在他这一边，需要你通
过某种方式向他表明，你知道他此时的小脑袋正竭尽全力保持正常运作，
而你是他坚实的后盾。如果你把他推搡着赶下公共汽车，和那位老妇人
一样对孩子翻白眼，那么这恰恰是他无法承受的，会使他的行为恶化。

对自己进行情绪调节。 在进入棘手场合之前你是否做了深呼吸？想
象你此时正身处加勒比海温暖的海滩，享受热带微风吹过棕榈树的感觉。
每过几分钟就重复这个过程，保持平静的心情，尤其当你察觉你那学步
期或学龄前的孩子正处于崩溃的边缘时。这自然引出了最后这条同样重
要的建议。

不要逼迫孩子。 也就是说，撤退也是你们的备选项。如果你已经完
成了计划中的绝大多数事项，而此时你觉察到你那学步期的孩子因为不
擅长调控情绪导致情况岌岌可危，那么你们可以随时准备撤退，即使是
感恩节也无妨。如果你确实要提前离开，无论是在孩子情绪崩溃之前还
是期间，撤退都不算是失败：对你来说不是，对小家伙来说也不是。棘
手场合令人头痛不已，人们可不是无缘无故把这些场合描述为"棘手"的。
也许你已经按部就班将本章的所有策略都付诸实践，但你的孩子仍然情

绪崩溃了，那只是因为他还是个孩子。你可能会失去耐心，因为你是他的家长。孩子和家长都是不完美的，没有什么比棘手场合更能淋漓尽致地体现这一点。

离开棘手场合之后

拍拍你自己，也拍拍你那小家伙的背。你们俩都做到了。真的！不管过程是顺利还是曲折。如果事情并未像你希望的那样发展，那就找机会及时修补和反思。想想下一次你会做出哪些改变，不要惩罚自己，采取相应的措施修复你和孩子之间的情感联结。

如果你给孩子许诺了奖励，那么一定要兑现，前提是他遵守了承诺。呼气。

第12章
缓解特殊情况下的坏脾气

有时，家中难免出现一些特殊情况，比如孩子生病、搬家、家里添了新生儿、父母离婚、家人生病等，这些特殊情况很容易增加孩子发脾气的频率和其严重程度。在特殊情况面前，家长要清醒认识到自己对孩子所产生的影响，这至关重要。在特殊情况发生时，家长应该照顾好自己，让自己保持情绪稳定，同时理解孩子，"接住"他的情绪。

> "此时此刻，坏脾气很可能是压死
> 我的最后一根稻草。"

　　幼儿在一天中的特定时段和特定场合更容易发脾气，同理，某些特殊场景或情形也很容易增加孩子发脾气的频率或其严重程度。根据我的经验，在那些容易招致孩子强烈情绪的情形中，家长往往也会比平时陷入更为频繁、更为强烈的情绪崩溃。了解这一点很关键，因为它能帮助你预测孩子什么时候有可能陷入情绪崩溃，判断孩子发脾气的概率，并调整育儿策略。当然，在有些情形中，做出预判比其他情形更容易。鉴于此，我把这些特殊情况分为两类：一类可预测，一类不可预测。

　　特殊情况之所以特殊是有原因的，而且不仅仅对于孩子很特殊。我们可以通过剖析自己在拥挤的购物中心时的感受来理解孩子的感受，也可以通过审视自己在本章所述的种种情形中的反应来洞察孩子可能产生的反应，包括情绪和行为的反应。本章所描述的情形：孩子生病、搬家和家里添了新生儿对家长来说通常是沉重的负担。因此，在特殊情况面前，你不仅需要参考本章的建议，也需要回顾第 4 章中的建议，即要清醒认识到作为家长的你所产生的影响，这至关重要。总是如此重要吗？的确如此。当你濒临或身处特殊情况时，重要性更加不言而喻。

可预测的特殊情况

预测孩子坏脾气是最高效的工具之一，这一点我怎么强调都不为过。作为家长，越事先准备、未雨绸缪，越能降低孩子极端情绪爆发的可能性，心中有极端情绪和被这些情绪彻底压倒有着本质的区别。

我们首先应该做的是快速评估家中爱与规矩的现状。

- 你是否能感受到与孩子之间的情感联结？积极的亲子互动是否多于消极的亲子互动？
- 家中是否有稳定的作息和习惯？

这两个问题中只要有一个答案为否，那么你就要集中精力解决这一问题。如果爱和规矩中的某一方面不够，那么你可以回顾第 6 章和第 7 章，找一找解决方案。在我们与学步期或学龄前儿童相处的日常中，爱与规矩处于此起彼伏的自然状态中。绝大多数时候，我们无需注意波峰和波谷，它们很不起眼。然而，当家庭处于特殊情况时，我们需要特别留心观察家庭中爱和规矩是否存在，分析它们的强度。毕竟，正是亲子关系和孩子的安全感让孩子得以既体验强烈的情绪，又不被它们压倒。情绪崩溃越少，坏脾气频率越低。

当你身处如下几页所描述的情形中时，本着减少孩子情绪崩溃的目的，为了孩子也为了你自己，不要再增加不必要的压力了。不要在你那学步期孩子的妹妹出生一个月之前开始训练他的如厕技能。如果孩子患上了流感，那么不要在一周之后就迫不及待地和他分床睡。搬家之前，不要拿走孩子的奶嘴。你明白这里面的道理了吧，被解雇的第二天就节衣缩食可不是什么好主意。同理，在上述那些极有可能导致孩子情绪崩溃的情形中剥夺孩子最依赖的安抚物，不管是尿布、婴儿床还是奶嘴，既徒劳无益，也愚蠢至极。

旅行

外出旅行时，无论是坐飞机、火车还是汽车，无论是两天还是两周，对孩子来说都可能很煎熬，孩子有可能会出现更频繁或更糟糕的坏脾气。旅行意味着环境的彻底改变，孩子从熟悉的环境来到陌生的环境，有时还需要倒时差。在这期间，家长一般会产生轻微的紧张感，担心旅途中可能出现的种种意外。酒店的床干不干净？饮食能否适应？旅行目的地是否安全和友好？基于种种原因，旅行容易让孩子感到迷茫，甚至心烦意乱。你认为给家庭成员保管好登机牌比从包里掏出零食更重要，但在孩子眼里，你心烦意乱、暴躁不堪，对他索要零食的反应比平时要慢。虽然个体反应因人而异，但我发现即使是最具冒险精神、适应性最强的小家伙，在离家一段时间之后也会频频脾气失控。那么，我们该如何应对这种情形呢？

1. 提前告诉孩子出行计划。你们可以一起制作一本简单的图画书，通过手绘或照片展示每一日的行程。

2. 提前告诉孩子社交与行为规范，越详细越好。

"我们租的房子有一个游泳池。只有大人在旁边时才能靠近泳池，这一点非常重要。"

"桃乐丝阿姨会让你抱抱她。如果你不想抱她也没关系，我们现在讨论一下到时你该怎么说或怎么做。"

3. 旅行期间尽量让孩子保持原有的作息习惯。能否为他买到同样的早餐麦片？要不要带上他自己的床单？周日还照例和祖父母视频聊天吗？睡前还给孩子读那些常读的书吗？旅行时人们认为图书太重，一般不带书籍，但是带上几本孩子喜欢的书绝对值得，因为这样你就可以再现孩子在家中的睡前仪式。

4. 欣然接受改变。我们把假期称为"休整"是有原因的。帮孩子慢慢接受环境的改变，给孩子指出家附近没有的花草树木，和孩子一起在外公外婆家翻看你自己小时候的照片傻笑。对孩子的"退步"要宽容，孩子可能会比平常在家中更爱看电视或更爱吃糖，这没关系。

5. 对每天的日程和计划要有清醒的意识。这听起来很抽象，因为我无法提供一个公式，而这完全取决于你们家人的喜好。对于某些孩子和家庭，活动越多、规则越少，行程越顺利；对于某些孩子和家庭，休息时间越多，固定计划越少，行程越顺利；关键是要找到活动、规则、休息三者间的平衡，不仅要考虑自己的需求，还要斟酌孩子的需求。

6. 有意识地和孩子建立情感联结。当你为了大家愉快度过旅行时光而忙前忙后时，你在小家伙的眼中可能是漫不经心、紧张兮兮、焦躁不安的模样。你要意识到这一点，匀出一些时间全身心投入到孩子身上，陪他做他想做的任何事情。哪怕这意味着你需要陪着孩子盯着墙上的蜥蜴看，即使你觉得很漫长，也要坚持到底。

7. 回家之后，你的孩子有可能会身心俱疲，在回家后的几个小时、几天，甚至几周里，孩子都有可能会大发脾气。你要对孩子表示理解和同情，给他拥抱和抚慰，尽快恢复日常生活作息。让孩子知道你理解他，你可以这么说："远行后回到家非常累，对吧？"如果在接下来的一段时间里孩子仍然沉浸在消极情绪中，那么不妨和孩子一起将这次旅行经历整理成一本小书，或匀出一些时间回顾旅途中的点点滴滴。通过这些方式，你帮孩子把他的经历梳理了一遍，在这个年龄阶段，他那小小的脑袋是无法独自完成的。

孩子生病

首先，我要提个醒：这里所说的"生病"是指正常的感冒、咳嗽、发热等，尤其是冬季孩子常患的病。如果孩子被诊断出患有更严重的疾病，那么就需要比本节内容更深入的处理方式。虽然我们无法精准预测病毒来袭的确切时刻，但我们可以做好万全的应对准备，这也是为什么我将这种情形归为可预测的特殊情况。

学步期或学龄前儿童生病时会陷入情绪的失控，因为生病是一种很糟糕的感觉，是一种陌生的感觉，有可能让人备感恐惧、陷入混乱。和旅行一样，孩子生病所带来的负面效应远比你预期的更久。身体上的症状可能早已消失不见，但是情绪上的不安——通常表现为频繁出现的暴脾气——却迟迟无法消散。

还在流鼻涕或干咳的孩子很少抱怨自己的病情。他不会告诉你，每次躺下的时候，鼻窦的挤压感会增加，每次吞咽的时候喉咙有剧烈的疼痛感。幼儿缺乏分享这些信息所需的概念、知识和表达性语言。那么他会怎么做呢？他会将感受诉诸行为。如果孩子在咳嗽或鼻塞时脾气比平时更暴躁，那么二者很可能有高度相关性。接下来该怎么做呢？

1.关注孩子的情绪。当你的孩子生病时，他可能会一边抹鼻涕一边发脾气。他用这种方式告诉你，这种感觉是多么糟糕。作为家长，你能做的最有效的事情之一就是帮孩子将情绪表达出来。通过语言、面部表情和肢体表达告诉孩子，你能体会到他生病时的糟糕感觉。除此之外，你还可以跟孩子分享你小时候生病的感受：你因为不能像往常一样到处奔跑玩耍而备感沮丧，因为错过好朋友的生日派对而失望不已。你可以给孩子读一些不错的儿童读物，它们能够为对话增添乐趣。在我家里，我和孩子最喜欢《拉玛和妈妈在家》（Llama Llama Home with Mama）。

发挥转移注意力的作用。孩子的注意力被转移时，身体的感觉会有所改善，我们所有人都是这样。当孩子卧病在床时，不必限制他看电视的时长，因为与孩子年龄段相符的电视节目和电影是分散注意力的强大工具。当然，身体不舒服时，孩子也喜欢听故事、听音乐或者玩一些不太耗体力的游戏。有些家长担心孩子可能会因此养成坏习惯："艾米莉会不会误以为她可以一直看电视？"我的经验表明，不会的。虽然孩子不太理解生病究竟意味着什么，但他却能意识得到平日里自己并不是一直躺在床上，生病的日子里很多事情发生了改变。如果埃米莉恢复了健康之后还想成天看电视，你只需纠正她即可，虽然她会因此而一时不高兴，但是你能处理好，她也能适应好。

2.考虑睡眠因素。毫无疑问，睡眠向来都很重要，但是当你那学步期或学龄前的孩子身体不适时，睡眠的重要性更为突出。确保孩子恢复健康所需的充足睡眠至关重要，这意味着你要严格要求孩子按时睡觉，或要求他比平时更早入睡。你无须向孩子解释，甚至无须大声告诉孩子你的规则，因为你可以把睡觉时间提前10~15分钟，孩子甚至都不会注意到，从而避免可能出现的亲子较量。

3.关于吃药的简短说明。许多孩子一听到吃药就哭闹着跑开，这让家长头疼不已。不同的药物有着不同的功效，用于解热镇痛的药物（如对乙酰氨基酚）与抗生素类药物是不同的。因此，你对孩子配合度的期望也会因药物的不同而不同。我建议你听从儿科医生的指示，使孩子服药方式与用药要求保持一致。在我看来，孩子的身体健康是头等大事。我经常这样告诉家长："此时是贿赂的良机，每吃一片药，便奖励两小块巧克力。"如果这起不到什么效果，那么可以和儿科医生谈一谈是否还有其他方法。

搬家

搬家是一件非常麻烦的事情。成年人会因为搬家茫然无措，极有可能情绪不佳，小孩子更不用说了。搬家的情形因人而异，且搬家本身也有很多因素需要考虑。如果你家只是从同一栋楼的一层搬到另一层，那么它所带来的消极影响可能比搬到一个全新的社区、从城市搬到乡村，或搬到一个不同的州、搬到别的国家要小得多。

1.当你告诉孩子你们即将搬家时，一定要深思熟虑。在理想状态下，至少要等一些细节（安置计划、搬迁日期）确定下来再告诉孩子，这样你才能提供尽可能多的具体信息。我们都知道，由于自我中心主义，孩子眼中只看得到世界与自己直接相关的方面，所以你要给他提供这方面的信息。搬到新家后，孩子的哪些东西会保持原样：是床？还是毛绒玩具？哪些东西会与之前不同：是卧室？是浴室？还是去学前班的路线？

2.给孩子一些空间，让他自己体会对搬家的情绪，与孩子建立联结。如果家长把即将发生的变化描述为世界上最美好或最令人激动的事，而不允许孩子产生完全相反的感觉，那么就会看到孩子脾气的恶化，因为在此时，亲子关系出现了割裂。

搬家是一件令人激动的趣事吗？也许是的。但它也可能是一件令人伤心、烦恼和疲惫的事情。家长可以利用这个机会给孩子示范同时有两种情绪是什么感觉："我很期待搬进我们的新家，因为我喜欢那里的食品柜，它很宽敞，可以装下很多零食！不过我也有点紧张，因为要面对很多新事物。我们也不得不把这个浴缸留在这里，因为它太大了，这也让我很难过。"通过这样的表达，你就向孩子示范了如何表达情绪。他可能会告诉你哪些因素让他备感兴奋、哪些因素让他紧张不已甚至悲伤难过。也许他会告诉你他感到兴奋而充满期待，如果是这样，你当然没有必要强迫他产生复杂的感受。当然，一个 2 岁的孩子或许只会望着你，嘴里重复念叨着"房子"。即使这样，你这么做也能够为孩子示范如何表达情绪，这是孩子需要掌握的一项关键技能。

3. 和孩子一起把搬家的点点滴滴做成一本小书一起阅读，这样孩子就可以站在更高的角度看待搬家这件事情，而不是将它看作一个孤立的事件，这对孩子益处多多。你可以把旧居和新家照片都贴在小书里，同时也提及搬家可能催生的种种感受。

4. 仪式化地将特定程序融入令人难以承受的事件中，也能够让孩子受益。例如，在旧房子的每个房间里转一转，说出在这里发生的某件趣事、重要的事，甚至可以说声"谢谢"，帮助孩子和旧居道别。同样地，也可以去新房子的每个房间转一转，打个招呼、来个自我介绍，这种开启新生活的方式趣味十足又颇有意义。发挥创意，别怕犯傻！

5. 搬入新家后的几天、几周和几个月里，要坚持原来的生活习惯。

如果新家的就寝规律和旧居一样，零食架上的零食没有改变，旧的洗澡玩具也被带进了新家浴室中，那么孩子就容易继续恪守规则。出于同样的原因，要延续对孩子行为的期望。让孩子意识到，虽然新家的物理结构发生了变化，但规则却保持不变。

当然，有些规则可能无法复制，或需要建立新规则。也许以前你们步行去上学，现在却要开车了。也许以前的居住地气候温暖宜人，孩子几乎不用穿外套，而现在孩子不得不捂得严严实实。针对这些情形，你要意识到，孩子可能需要一段时间才能适应变化，你可以告诉孩子："在佛罗里达州，我们不需要穿外套，但在这里我们需要。这是个很大的变化！我们需要一段时间才能适应。"通过语言把体验表达出来，你就能安慰孩子，缓解他煎熬的情绪。你甚至可以把新家与老家的相同点与不同点列一个清单，或做一个册子，以图片的形式呈现异同。

家里新添了新生儿

在所有可预测的特殊情况中，最为棘手的要数家里增添新的小成员了。多数情况下，新生儿都是妈妈怀胎九月的果实，当然有些时候弟弟或妹妹是被收养的。无论小弟弟或小妹妹以何种方式融入你的家庭，我都强烈建议你让孩子意识到，这是注定要发生的事情，而且很快将成为现实，没有讨价还价的余地。有一些我非常尊重的儿童专家并不同意我的观点，他们认为过早让孩子知道弟弟或妹妹的到来对孩子的情绪没有好处。尽管兼顾到不同家庭的不同需求和特点很重要，但是我从未见过哪个学步期或学龄前儿童在妈妈怀孕期对此一无所知：妈妈总是很疲惫，有时候会呕吐。爸爸表现得与以往不同，爸爸妈妈越来越喜欢说悄悄话，或更频繁地去别的房间接电话。

　　你的情绪会传染给孩子，这话我已经说过多次了，但还要再强调一遍。如果家长对自己情绪的变化不予承认或不予解释，那么小家伙会感觉心烦意乱，导致行为或情绪的变化，最后是坏脾气的爆发。我曾经一次又一次目睹学步期孩子因为听到家里即将发生的变化而脾气暴增。

　　最近我见到了一对父母——克里斯和玛尔塔夫妇，他们告诉我，3 岁的女儿纳迪亚在过去一个月的时间里每天都上演激烈的情绪崩溃。我问他们这会不会是因为妈妈怀孕导致的情绪反应，克里斯和玛尔塔立刻给了我一个否定的答案。他们向我保证，纳迪亚发脾气不可能是因为未出生的小弟弟，因为他们还没有告诉她这个即将到来的新成员。他们似乎在哪里读过这样的内容：过早告诉孩子只会"让她紧张"。我问玛尔塔现在是否还会把纳迪亚抱在怀里。"不会了"，玛尔塔回答说，"我们告诉她，医生说过我不能抱她，她看起来也接受了。"

　　我回答说："她其实无法接受，她每天至少要发泄一次强烈且难以控制的情绪。"我继续解释说，不管纳迪亚是否知道母亲怀孕了，她肯定意识到事情不妙了，这不仅是因为母亲的外表和行为上的变化，而且还因为母亲还提到了一位神秘的"医生"。当孩子听到"医生"这个词时，他们的第一反应是"生病"，所以纳迪亚可能认为妈妈身体有恙，这比腹中怀了胎儿更可怕。不仅如此，和其他小孩子一样，她还感受到了来自家长的暗示——这个话题不能公开讨论。我推测纳迪亚激烈的坏脾气很有可能源自这种双重焦虑。为了帮克里斯和玛尔塔认清这一点，我假设纳迪亚可以用语言表达自己的感受，她会说："我不明白妈妈怎么了。我想她可能病得很重，因为医生告诉她不能再把我抱起来了。或许她只是不想再抱我了。我不能问发生了什么事，因为爸爸妈妈不想和我谈这件事。我很害怕，我感到孤独。"

我告诉克里斯和玛尔塔，如果他们能够用简洁而充满关爱的语言把事实告诉女儿，那么女儿的怒气便会大大消解。我鼓励他们给她看一看弟弟的超声波照片，并陪她读一些关于有一个小弟弟的书。我教玛尔塔这样对女儿说："因为小弟弟正在我肚子里慢慢成长，所以我抱不动太重的东西，那样的话我可能会伤到自己。（不要说可能会伤害肚子里的孩子，以免纳迪亚解读为你更重视小弟弟。）不过，我真的很想去抱你！医生这么说让我很生气，但是我知道我必须听他的！你身体有点重，因为你已经长大了。但你还是我可爱的小宝贝，而且永远都是。既然我现在抱不动你了，那么我们以后就多一些拥抱吧。"

我向克里斯和玛尔塔保证，他们并没有对女儿造成心理创伤，而且他们可以利用这次机会对亲子关系进行实质性的、有意义的修复。两周之后，当克里斯和玛尔塔再次来我这儿进行咨询时，他们说纳迪亚得知自己未来那将要出生的小弟弟之后，果然再也没有发生过情绪崩溃。

毋庸置疑，已经有无数文献就如何帮助幼儿顺利过渡到哥哥或姐姐的角色进行了探讨。下面仅提供简短建议。

1. 不管是在新生儿出生前还是出生后，每天设置一个固定的"特殊时段"与老大在一起，哪怕只有短短 5 分钟。在某些容易招致暴脾气的时段中，孩子需要感受到你和他之间的情感联结，找到心灵的依托和安全感，避免坏脾气的发生。当你生下第一个孩子后，所有人都建议你"孩子睡着的时候赶紧睡"。不管你当时觉得这个建议多么有用，它现在再也不适用了。现在，当新出生的婴儿睡觉之后，你的首要任务是克服自己的疲惫，找到那学步期或学龄前的老大，与他建立情感联结。你也许不想这么做，但我向你保证，这样做非常值得，有助于你的孩子积极调整自己的情绪。

2. 在这个特殊的时段里，不妨直接告诉老大，他那小弟弟或小妹妹不在身边是一件多么令人开心的事情（当然，实际上你对另一个小家伙其实也喜欢得不得了），告诉老大，你心底一直渴望着与他独处的时间。记得齐克出生几个月后的一天，我叫亨利和我一起去药店买药，我妈妈和齐克待在店外的车里。把两个孩子都留在车里我岂不是更自在！当然没错。然而我知道，"妈妈与亨利时间"哪怕只有短短三分钟，对我和亨利都颇有价值。在我们等候药师来柜台时，我一边注视着亨利一边举起手来。"来击个掌！"我说，"趁齐克不在这里。"亨利跳起来与我击掌，面露愉快的表情。通过把情绪用语言表述出来，我向亨利表明，他对齐克的种种感受都不成问题、可以理解。和搬家一样，多一个小妹妹或小弟弟不仅能为孩子带来乐趣和兴奋，也造成了极大的挑战。接下来的一幕既有趣也在预料之中，当我们回到车上，亨利让我把他抱起来，给弟弟一个吻。因为母亲允许他享受了一段没有弟弟参与的美好亲子时光，亨利的心对弟弟敞开了，这份感情纯粹而又真实。

3. 如果你那 4 岁的孩子对小弟弟或小妹妹生气了，记着帮他搞清楚情绪和行为的区别："宝贝，你因为小弟弟玩了你的秋千而生气，这完全没问题，但是如果把他从秋千上拽下来就绝对不行了。"你可以给他一些替代方案：可以拿自己的毛绒玩具出气，或画一幅画展示自己的怒气，或做个大大的鬼脸。

4. 尽最大可能保持孩子作息的完整性和可预测性。因为其他因素已经发生了巨变，所以孩子比以往更加依赖熟悉的规则。

5.不要过于苛求自己，适时寻求帮助。你应该在一天中的棘手时刻寻求外援，不妨叫个外卖，或通过网上购物享受送货上门的便利。这些建议虽然很普通，但请你一定谨记于心。在这棘手的时刻，你的孩子迫切需要你缓解自身压力。想一想哪些家务不需要亲自承担，洗衣服？采购？想想办法，在财力和物力允许的范围内，让自己从那些与孩子无关的事情中抽身出来。

父母离婚

世界上有各种各样的夫妻关系，而夫妻离婚的原因也各式各样，这都反映出迥然不同、错综复杂的家庭动态。关于如何帮助孩子应对父母分居或离婚的情形，人们已经写了大量的专业指导。下面仅从不要过于偏离孩子坏脾气这一主题考虑，我简要介绍一下。在孩子的眼中，父母离婚是翻天覆地的变化，因此，它会导致孩子的坏脾气在频率和强度上日益增长。针对我所了解的一些最为常见的家庭动态和情形，我提供以下几条通用建议。

1.保持规则的一致和稳定很重要。如果孩子由父母轮流照看，那么无论是在同一个家还是不同的家中，都会导致不稳定因素的出现。解决这个问题的方法是，父母要确保孩子的作息规律，对孩子的行为期待保持一致，尽量给孩子提供稳定的感觉。有些家长想要扮演那个"有趣幽默的家长"角色，或者想把自己的家打造成"美好的家"，这种心理实属正常，但这更多是站在家长的角度考量，而非孩子实际所需。实际上，对孩子来说最好的是父母双方和两个家庭养育环境保持一致，这样才能给孩子安全感。

2.对于孩子在两个家庭之间的转换要考虑周全。和走出家门一样，从父亲家到母亲家本身就是一种活动，因此，要给予孩子更多关怀和用心的照顾。设立一个固定的仪式，心平气和地完成这个过渡。在和父母的一方说再见，和另一方打招呼的时候都要加入这种仪式，这种做法可以有效抚慰孩子难以承受的情绪。

我接触过这样一位母亲，她总是确保周末结束时，孩子的父亲把孩子送到她的公寓时给孩子准备同样的零食：香草威化饼干和葡萄。她和儿子坐在沙发上，儿子大口吃零食，她给儿子读事先从书架上精心挑选的三本故事书。这种可预测、每周重复的仪式对母亲和孩子都颇有帮助，大大缓解了孩子原本可能上演的情绪崩溃。

3.记住，如果你那学步期或学龄前孩子的脾气因为父母的分开变得更加暴躁，也不要把过错归在伴侣身上。虽然事实也许确实如此：也许你的伴侣想要离婚，而你却不想；也许你的伴侣欺骗了你，让你别无选择，只能离开；也许是其他种种原因。关键是，无论你是否责怪伴侣，你的愤怒都无法缓解孩子那无力承受的情绪。寻找其他的途径缓解自己的情绪吧——你的治疗师、好朋友、你刚在网上订购的"出气袋"——这样你就可以心平气和、情绪稳定地出现在孩子面前。

4.最后，给你那学步期或学龄前的孩子创造机会，让他拥有一些自主权。例如，如果你的孩子将拥有一间新房间，那么你可以让他自己装饰一番，让他挑选自己的被子或地毯，或者任由他在房子的中间搭一个海盗船帐篷。如果孩子要在父母家轮流居住，那么让他选择两个不同的手提箱，一个由你来打包，另外一个由他自己打包。

无法预测的特殊情况

接下来我们讨论家庭变化的第二类特殊情况：那些我们无法预测的情形。小弟弟或小妹妹何时出生、父母何时分离，这些我们都能提前预知，但是，家庭中还有许多其他情形是我们无法提前预料的。祖父母或其他家庭成员因患病而去世；有人出了事故；保姆不辞而别；伴侣毫无预兆地离开；我们必须忍痛杀死心爱的宠物。毫无疑问，这些情形都会带来不同程度的心理创伤，而它们的共同之处都是不可预测。虽然人生的变故不会频频发生，但生活总是变幻莫测、起起伏伏的。

对于我刚才提到的诸多情形，用"棘手"这个词来形容其实太过委婉，我们应该用另一个词来形容："创伤性的"。如前文所述，本书的重点不是解决学步期和学龄前儿童因为心灵创伤而产生的应激性坏脾气，这种情况最好通过寻求专业指导来解决。超乎我们预测的情形并不总是会带来心灵的创伤，虽然我们没有充足的准备时间，但是我们仍然可以采取一些措施来缓解孩子的情绪负担，从而降低发脾气的可能性。爱和规矩的策略总能助你渡过难关，在遭遇危机和巨变时，它们作为精神支柱的重要性尤为凸显。无论身边发生何种变故，能否处理好孩子的情绪仍然取决于你是否既能理解他，同时又能够"接住"他。

如果生活变得不可预测、棘手难熬，或给人造成心理创伤，那么作为家长，我们可能比平时更加难以驾驭孩子的坏脾气。如果我们没有照顾好自己，那么我们很容易崩溃、焦躁不安，或把怒火发泄在孩子身上，而我们的理性知道，这不是孩子的错。这些时候我们需要回顾本书的基础内容，重温本书。

Q 我妈妈刚被诊断出患有乳腺癌。我既害怕又难过，而且心烦意乱。我 4 岁的女儿觉察出了不对劲，但我不知道该怎么跟她解释。

A 如果我们把乳腺癌替换成其他任何类型的医学诊断，或替换成"可怕消息"，那么它就变成了一类典型的问题。这件事情导致你的情绪比平时更加脆弱，你会陷入悲伤、愤怒、焦虑、沮丧等情绪，你拿不准该和你的小宝贝分享多少信息。

我在这里提出三个彼此相关的指导性原则：第一，坦承。孩子其实已经觉察出了不对劲，只有向她直言不讳地承认这一点，才能抚慰她的情绪。第二，要照顾到孩子成长阶段的特征，关注孩子的经历和感受，这对孩子来说很重要。第三，让孩子知道有其他成年人帮助，所以无须她来承担责任，否则会对她造成伤害。那么，当应用这些指导性原则时，会是什么情形呢？

● 坦承。

你可以这么说："这周我很难过，因为我得知外婆身体里长了坏东西"。（注意，不要用"生病"这个词，因为孩子可能会认为所有疾病都是很可怕的事情。）

不要这么说："我很好！一切都很好！只是有东西进我眼里了！"

也不要这么说："我得知外婆被诊断出患有一种罕见的乳腺癌。"

● 照顾到孩子成长阶段的特征，并关注孩子的经历和感受。

你可以这么说："你可能觉得我没有以往那么关注你了。"

不要这么说："我现在心力交瘁，几乎支撑不下去了。"

也不要这么说："我很爱外婆，我感到五味杂陈，我也在拼命思考自己有限的生命的意义。"

● 有其他人在帮忙。

你可以这么说："外婆有医生照顾着，他们会帮她好起来。我会和爸爸、麦克斯舅舅还有我的一些朋友聊聊这件事，这样我就不会那么难过了。这不是你的责任。"

当然，对话内容可能会因孩子年龄的不同而有所不同，也可能以不同的形式进行，我无法逐一提供对话脚本。然而，上述三个原则具有普适性，可以指导家长如何与孩子进行严肃谈话，从而减少亲子双方的焦虑。当然，在对话结束时说一些"我非常爱你，我们都会渡过难关的。"之类的话也颇为有益。因为你确实爱孩子，你们也定能渡过难关。而且，无论结果如何，你始终爱他。

几周前的一天，亨利说什么也不肯下车。那一周并未发生给我们的家庭成员带来心理创伤的事情，但也的确过得很不容易：我们的保姆突然不辞而别，亨利爷爷的帕金森病恶化了，齐克早上 4：50 醒来后便不再入睡。当时是下午 5：30，我刚把两个孩子从托儿所和学前班接回家，室外大约只有 9 摄氏度。我先把齐克从安全座椅上抱下来，然后绕到另一侧打开车门让亨利出来。我怀里抱着将近 30 斤重的齐克，解开了亨利的安全带。然而，亨利刚获得自由便迫不及待地冲到前排座位坐下，拒绝下车。

我快被冻僵了，齐克又很重。他的鼻涕流下来，滴在我新买的夹克上。我精疲力竭。我很不耐烦地尝试了曾经有效的策略："如果我闭上眼睛、关上耳朵，你是否会乖乖下车？你愿不愿意跟我比赛看谁先跑到门口？"亨利都不为所动，然后我的脾气开始有些失控——因为艰难的一周、将近 30 斤重的齐克、天寒地冻，还有齐克的鼻涕。亨利瞪着我大声抗议："妈妈，你让我好尴尬！"怕大家误解，我给大家交代一下，当时路边只有我和齐克两个人，所以我可以很负责地说，我们俩谁都没有做出丝毫让人尴尬的事情。在这个节骨眼，我突然意识到了三个事实。

1. 我很想揍他一顿。他显然不知道"尴尬"是什么意思，我很想取笑他一番，用那种"不对不对"的腔调。

2. 我想象着当亨利进入青春期时，我肯定会听到他说出一模一样的话，是在更恰当又同样令人难过的情境中说出来。

3. 我意识到亨利是在用语言做实验，他使用了一个他清楚地听到别人曾用过的表达（后来我通过询问发现，他是跟班上的一个同学学的），以此表达对我的满腔怒火。

理解了亨利的意思之后，我深吸了一口气，怀着同理心对他说："亲爱的，我能看出来你不想下车。你真的很生气，对吧？"在幻想中，他看着我微微一笑，然后走下车，给了我一个拥抱。毕竟，你们可能还记得，我可是儿童心理学专家，也是本书作者，我理应成功解决这些问题。但事实上，亨利看着我，扯着嗓子喊出了一些莫名其妙的话，像野兽一样露出了牙齿，然后还是待在车座上一动不动。

我已经记不清是如何让亨利下车的了，或者更准确地说，亨利自己是如何决定下车的。根本没有上演什么神奇时刻。我真正记得的是他的怒火直到晚饭之后才消散。临睡觉时，齐克的流鼻涕已经变成了感冒。上面这句的关键词是"临睡觉时"，那天我们终于熬过去了，正如我们熬过每一天。当时最有效的一招，也是我印象最深刻的部分，是我在亨利"表示尴尬"之后，先停顿了片刻，然后才给出了回应。在那个简短的停顿中，我能够清晰洞悉自己的情绪状态（非理性的愤怒），然后问自己，亨利到底怎么了。当我对自己问出这个问题时，我能够觉察到亨利和许多步入 4 岁的孩子一样，正在探索语言的使用，并试图通过与我保持距离维护自主性。然后，我就可以以关怀备至、情感相通的方式回应他。

不久前，我遇到一位父亲，他给我讲述了类似的情形，女儿每次不想做某事的时候都会说他"很恶心"。"不要往心里去"，我提醒那位自己小时候因肥胖而被嘲笑的父亲，很显然，这种心结被女儿话语中鲜明的侮辱性字眼再次触发。我对他说："不要往心里去。承认这个词背后的情绪，这样你的女儿就能知道其实你懂她的意思。当然，这并不是说你确实很恶心，她可能刚刚学会这个词，并正摸索着使用它。事实是她很生气，不想对你言听计从而已。你可以在另外一个和平的时间段与女儿谈一谈礼貌问题。"与这位父亲的交流在我脑中留下了深刻印象，我也希望你能把本书提到的诸多故事记在脑中，也希望它们对你有所帮助。

如果我们稍做停顿，对亲子间某一次具体的互动经历寻根究底，既考虑孩子所处的成长阶段、我们自己的情绪反应，也分析周围环境因素，那么我们通常可以避免孩子情绪的崩溃，或阻止它进一步恶化。这样做能为我们带来奇迹吗？不会。好吧，也许偶尔会。它或许只能让我们更轻松地度过一天，这样我们就可以真正享受睡前的拥抱。这算不算是奇迹呢？是的。这个问题的答案绝对是肯定的。此外，我们越是勤加练习，对迎接未来漫长的育儿之旅就越能做好充分的准备。如果我们能承认孩子的坏脾气是成长阶段的正常表现，是人生中的一段小插曲，那么，当孩子以我们始料未及的速度步入青春期，对我们翻白眼，对我们充满讽刺地反驳时，我们同样也能得心应手地应对。随着孩子的成长，他们的行为可能会发生改变，但他们表达情绪的方式以及对自主性的追求将会长期存在。

祝我们好运吧。

致　谢

　　在这里，我要向很多人致以诚挚的感谢。虽然之前一直听说编辑能化腐朽为神奇，但克里斯蒂娜·本顿和凯蒂·摩尔仍给我带来了超出预期的惊喜，两位编辑不仅专业水平高，还给了我莫大的支持。我还要感谢吉尔福德出版社的露西·贝克，是她劝说我把思想化为文字。感谢塔拉·佩里斯博士，她毫不吝惜地为我提供了很多建议，本书的前言与正文都受到了她的指导。感谢拉希尔·布里格斯博士曾经为我提供工作机会。感谢蒙蒂菲奥里医疗中心"健康之步"项目的两位同事米格丽娜·赫尔曼博士和波丽娜·乌米莉博士教会了我许多与育有幼儿的家庭打交道的方法。我还要感谢艾伦·卡兹丁博士，作为我的第一位导师，20多年来为我提供了细心的指导和巨大的支持，他的智慧和幽默深深影响了我。我要感谢伊丽莎白·科恩博士，她总是鼓励我既要志存高远，亦要温柔待己。我还要感谢艾莉森·洛克博士，感谢她以渊博的知识、独到的见解和幽默的语言为我们"小屋呼叫"心理服务机构提供服务。

我还要对工作中接触的家庭表达感激之情，感谢他们让我见证了育儿旅途中最无助的时刻。寻求外援需要莫大的勇气，当我们陷入最黑暗、最绝望的时刻时，坚信自己绝非孤军奋战也需要莫大的勇气。

对我的父母，我也要献上特别的感谢，感谢他们所做的一切，他们是那么的慈爱、慷慨和无私奉献，当然也是复杂而不完美的。这些形容词适用于我们所有人，尽管只有在我们成为家长时才会意识到这一点。我还要向亨利和齐克致以感激之情，是你们让我以前所未有的方式敞开心扉。谢谢你，亨利，谢谢你那有趣的舞蹈、打破砂锅问到底的好奇心和令人钦佩的缜密思维。谢谢你，齐克，谢谢你那软绵绵的拥抱和那淘气的表情，谢谢你每天提醒我，你是我的宝贝。你们的爸爸和我赋予了你们生命，对此我每天都心存荣耀。最后，我要对丈夫乔恩说：我要向你致谢的事情千千万万，不胜枚举。从第一天起你就鼓励我一定能写成这本书，现在我做到了。